[redacted]

Anna Müller-Tannewitz
Tochter der Prärie

A. Müller-Tannewitz

Tochter der Prärie

Die Geschichte eines tapferen Indianermädchens

Arena

3. Auflage 1973
16.–21. Tausend

Schutzumschlag und Illustrationen: Otmar Michel
Gesamtherstellung: Richterdruck Würzburg
ISBN 3 401 03570 3

Inhalt

Wie Ikatas kranker Arm geheilt wurde

»Sie kommen! Sie kommen!« Die Kinder auf dem flachen Hügel schrien und lärmten. In der unendlichen Ebene, zwischen dem frühlingsfrischen Büffelgras, sah man einige Punkte. Langsam kamen sie näher: ein, zwei, drei – sechs Pferde. Auf dem vordersten saß ein älterer Mann mit einem Gewehr auf dem Rücken. Den Schluß machte ein Indianer, ebenfalls beritten. Die vier anderen Pferde waren hoch beladen. An ihren Flanken hingen verschnürte Bündel, und oben auf den Sätteln türmten sich Pakete über Pakete.

Hinter der Kolonne bewegte sich noch etwas Ungewohntes und Unbekanntes, ein viereckiger Kasten mit einem halbrunden weißen Plandach. An seinen Seiten drehten sich kreisförmige Scheiben. Zwei Pferde zogen, rechts und links einer langen Stange eingespannt, den sonderbaren Kasten vorwärts. Jetzt kam die Kolonne im Schritt den Hang herauf.

»Onkel Weißbart, Onkel Weißbart«, riefen die Kinder. Ein Lächeln huschte über das sonnenverbrannte Gesicht des Mannes. Er schwenkte seinen Hut. »Da seid ihr! Und hier bin ich! Seid ihr auch gesund?«

»Ja, ja«, klang es zurück. Der Kinderschwarm umwogte neugierig den rollenden Kasten und schloß sich der Kolonne an. Auch zwei große Mädchen liefen mit.

»Helfen kann ich dieses Mal nicht«, sagte Ikata be-

drückt zu ihrer Freundin. »Mein Arm tut viel zu weh!«
»Laß doch mal sehen«, forderte Maisquaste sie auf. Mühsam hob Ikata ihren rechten Arm. Er war vom Handgelenk an geschwollen und zeigte eine ungesunde rote Farbe.
Maisquaste schüttelte den Kopf. »Seit zwei Monden hast du das nun. Wie oft war denn der Medizinmann schon bei euch?«
»Ich weiß es nicht mehr. Es ist nicht besser geworden. Meine Großmutter sagt immer, ich müßte Geduld haben. Nun ist Onkel Weißbart schon da, und ich kann meinen Arm immer noch nicht bewegen.«
Inzwischen kam das Dorf näher. Die Palisade aus schwarzbraun angelaufenen Holzstämmen wurde höher. Über eine schmale Holzbrücke ging es durch einen Eingangsschlitz in das Dorf hinein. Der Wagen war viel zu breit und blieb draußen stehen. Die Zugpferde wurden ausgeschirrt und fingen sofort an zu grasen. Die Packpferde dagegen mit ihren Lasten gingen eins hinter dem anderen über die Brücke in die Palisade hinein. Die Kinder drängten nach.
Es war sehr eng innen. Schmale Gäßchen wanden sich zwischen den Häusern hin und her. Die Hütten glichen großen Maulwurfshaufen, mit Erde beworfen und mit Gras bewachsen. Der Händler lenkte seine Pferde zu einer leeren Hütte an der Wasserseite, dort wo der Truthahnfluß die Siedlung schützte. Er war hier seit langem bekannt, und die Leute hielten ihn mit seinem gebräunten Gesicht fast für einen Indianer. Nur an Hut und Rock erkannte man ihn als Weißen. Jedes Jahr kam er in diese Panisiedlung mit dem merkwürdigen Namen »Dorf, das den Himmel kratzt«, und er

wohnte immer in demselben Haus, für vier oder fünf Wochen. Jedes Jahr erwarteten ihn die Kinder schon weit draußen auf der Prärie. Jedes Jahr halfen sie mit Begeisterung, das Gepäck ins Haus zu schleppen. Und jedes Jahr belohnte Onkel Weißbart, wie ihn die Kinder nannten, seine kleinen Helfer mit Zuckerstücken.

Ikata stand traurig abseits, als die Ballen und Pakete abgeladen wurden. Alle halfen, nur sie mußte zusehen. Ein stämmiger Junge, den die anderen wegen seiner abstehenden Haare Igel riefen, lief an ihr vorbei. »Na, Linkshändchen, willst du nicht mit anfassen?«

Vielleicht meinte er es nicht böse. Doch Ikata stieg eine glühende Röte ins Gesicht. Auch ihre Tante Wolkiger Tag hatte neulich gereizt gerufen: »Du wirst niemals richtig nähen lernen!« Sicher hatte sie in ihrer Ungeduld den kranken Arm vergessen. Aber solche Worte taten weh.

Ikata senkte den Kopf. Große Tränen rollten über ihr Gesicht. Auf einmal spürte sie, wie eine Hand ihre beiden Zöpfe faßte und sanft nach hinten zog. »Na, Mädchen, was hast du denn?« erklang eine tiefe Stimme. Sie blickte hoch und sah durch den Tränenschleier die Augen von Onkel Weißbart fragend auf sich gerichtet. »Nun mal heraus mit der Sprache! Du weißt ja, ich habe Kinder gern.«

Soweit verstand Ikata, was der Händler in seinem komischen Pani redete. Er setzte auf Englisch hinzu: »Bin ja ein richtiger Kindernarr, kann so eine Kleine nicht weinen sehen!« Aber das verstand sie nicht.

Statt einer Antwort hielt ihm das Mädchen den rechten Arm hin. Der Alte hob ihn vorsichtig hoch und betrachtete ihn aufmerksam. »Hast du viel mit der rechten Hand gearbeitet? Reisig gehackt, Felle geschabt oder etwas Ähnliches?«

Ikata besann sich. »Ja, als der Winter zu Ende war, hatten wir sehr viele Felle von Büffeln, Antilopen und Elken zu gerben. Ich mußte tagelang helfen, die Fleischreste abzuschaben. Die Mutter achtet immer darauf, daß nicht die kleinste Faser hängen bleibt. Seitdem tut mir der Arm so weh!«

»Hm, hm«, machte der alte Mann. »Das sieht ganz nach einer Sehnenentzündung aus. Komm mal mit.«

Sie folgte ihm ins Haus. Ein wildes Durcheinander von Gepäckstücken bedeckte den Boden. Ein Ballen war geplatzt, und eine Menge kleiner, gelber Tabakpäckchen lagen ringsherum verstreut. An den acht Pfosten, die im Kreis das Dach stützten, baumelten Zäume, Sättel und Gewehre. Maisquaste war gerade dabei, in der Feuerstelle Reisig anzuzünden.

Der Alte zog Ikata in die Mitte des Raumes unter die Dachöffnung. Dort war es am hellsten. Er schien sich in der Unordnung auszukennen. Irgendwoher zog er eine schwarze Ledertasche herbei. Sein indianischer Gehilfe mußte ein weißes Tuch in Streifen zerreißen.

Auf einmal hielt der Händler eine dunkelbraune glitzernde Flasche in der Hand. Er zog den Stöpsel heraus und schüttete eine hellgelbe Flüssigkeit auf einen Leinenlappen. Ein säuerlicher Geruch stieg Ikata in die Nase. Eilig betupfte der Onkel die roten Stellen an ihrem Arm. Es kühlte die Haut. Dann wickelte er den nassen Lappen um das geschwollene Handgelenk. Einen zweiten, doppelt gelegten Streifen schlang er um Ikatas Nacken unter den Zöpfen durch und verknotete ihn um den Arm.

»So, mein Töchterchen, jetzt hältst du den Arm ganz still in der Schlinge. Keine, nicht die kleinste unnötige Bewegung. Mußt halt mal mit der linken Hand essen. Morgen mittag kommst du wieder! Wohin gehörst du eigentlich? So, so, eine Tochter von Schwarzeiche. Nun, dein Vater wird auch in diesem Jahr für mich Felle und Leder haben.«

Das Mädchen dankte verwirrt. Onkel Weißbart meinte es gut. Aber was würden die Eltern sagen, die Tanten und die Atika? Die Großmutter wollte nichts wissen von den neuen Sachen, die der Händler ins Dorf brachte!

Langsam ging sie nach Hause. Die Mutter wunderte sich. »Wer hat deinen Arm mit dem Tuch festgebunden?«

Ikata berichtete, was geschehen war. Die Mutter machte ein erstauntes Gesicht. »Onkel Weißbart glaubt, es käme von dem vielen Felleschaben? Die weißen Leute wissen viel. Vielleicht ist es wirklich so. Ich werde mit dem Vater reden, damit du morgen wieder hingehen darfst.«

Der Vater wollte es zuerst nicht erlauben, gab aber den Bitten der Mutter nach. Die Großmutter dagegen schalt den ganzen Tag über die neuen Moden, die der Händler ins Dorf brachte. Trotzdem half sie Ikata, wo sie nur konnte. Sie fütterte die Enkelin beim Essen, zog ihr abends die Mokassins und das Kleid aus und deckte sie mit der Wolldecke zu. Ja, sie suchte sich sogar eine andere Bettbank. »Ich werde woanders meine Decken ausbreiten, damit ich im Schlaf nicht an Itakas Arm stoße«, meinte sie.

Am nächsten Tag betupfte Onkel Weißbart die kranken Stellen wieder und erneuerte den Verband. Er brummte zufrieden: »Das wird schon besser werden. Das wichtigste bleibt, du hältst den Arm ruhig. Du darfst auch nicht auf dem Feld mitarbeiten!«

Doch dafür sorgte schon die Mutter. Immer hatte das Mädchen wie alle ihre Freundinnen im Pflanzmonat mitgeholfen. In diesem Frühling durfte sie am Feldrain sitzen. Die Felder lagen am Fluß. Der Uferwald, der alle Ströme in der Prärie begleitete, war hier niedergehauen. Nur einzelne Pappeln und Baumwollsträucher standen noch zwischen den Gärten.

Vom hohen Feldrand aus sah Ikata die lange Reihe der Arbeiterinnen vorrücken. Ihre eisernen Hacken blitzten in der Sonne. Der frisch gelockerte Boden roch fast wie Maisbrot, das gerade aus der heißen Asche kam. Hinter den Feldern murmelte der Truthahnfluß, er leuchtete so gelb als wäre ein ganzer Wagen mit Mais hineingefallen! Ab und zu stimmten die Frauen ein Lied an, in das Ikata einfiel:

»Büffel ist singend und springend,
Wo der Wind weht!
Mais ist singend und springend,
Wo die dunklen Wolken gehen!«

Manchmal mußte das Mädchen nach Hause laufen. Ein Beutel Saatmais war zu holen. Oder man hatte den Hornlöffel vergessen, den die Atika zum Essen brauchte. Auch eine neue Hacke mußte herbei, weil bei einer anderen der Stiel abgebrochen war. Alle diese Sachen ließen sich mit der linken Hand tragen. Ikata lief unermüdlich.

Ob es nun die Ruhezeit war oder der säuerliche Saft oder beides zusammen . . . In jedem Fall wurde Ikatas

Arm wieder gesund. Als der Pflanzmonat zu Ende ging, konnte sie das Gelenk bewegen wie früher. Um die gleiche Zeit packte auch Onkel Weißbart seine Ballen. Seinen Wagen ließ er zurück: Die Familie des Igel hatte ihn gekauft.

Am Tag vor seiner Abreise besuchte ihn noch einmal der Vater. Ikata durfte mitgehen. Leise betraten beide durch den Eingangstunnel das Haus des Händlers. Onkel Weißbart saß am Feuer. »Hau«, begrüßte ihn der Vater und ließ sich auf einer Matte nieder. Ikata setzte sich hinter den Vater auf den Boden.

»Hau«, antwortete der Onkel und begann eine Pfeife zu stopfen. Als jeder vier Züge getan hatte, sprach der Vater: »Ich bin gekommen, um dir zu danken. Du hast den kranken Arm meiner Tochter geheilt. Er ist wieder ganz gesund geworden.«

Der Händler räusperte sich. »Das freut mich für deine Tochter. Möge es ihr weiterhin gut gehen.«

Der Vater fuhr fort: »Du bist in unserem Dorf immer willkommen. Du hast uns niemals betrogen, wie es andere Händler tun. Du bist ein weißer Rabe. Jetzt hast du meine Tochter geheilt. Du hast mehr getan als unser Medizinmann.«

Der Vater machte eine Pause und entrollte eine große Lederdecke. Die zart gegerbte Haut zeigte schwarze, gelbe und rote Figuren. Ikata staunte. Die Bilder mußte der Vater abends am Feuer gemalt haben, wenn sie schon auf der Bettbank lag und schlief.

Es waren alle Ereignisse des Pflanzmonats aufgezeichnet. Onkel Weißbart kam mit seinen sechs Pferden und dem Wagen. Da stand sie selbst mit ihrem Verband um den Arm. Dort hackten die Mutter, die Tanten und die Atika das Feld. Am Schluß trabten die sechs Pferde Onkel Weißbarts wieder fort. Am unteren Rand floß in Wellenlinien der Truthahnfluß. Kleine Halbkugeln bedeuteten die Häuser des Dorfes. Darüber wölbte sich ein blauer Himmelsbogen. Jeder konnte erkennen, was gemeint war: »Das Dorf, das den Himmel kratzt« am Truthahnfluß.

»Ich wünsche, daß du dieses Leder mitnimmst als Erinnerung an die Heilung meiner Tochter. Dann siehst du sie immer vor dir, auch wenn du jetzt in das nördliche Land am Großen Schlammfluß zurückkehrst. Mögen deine Pfade glatt sein und keine Dornen auf deinen Wegen liegen.«

Onkel Weißbart war überrascht. »Wie schön, wie schön«, murmelte er und dankte dem Vater herzlich. Ikata streichelte er zum Abschied die braunen Wangen.

Als am nächsten Morgen die sechs Pferde in der grasigen Weite verschwanden, winkte unter den Kindern auch Ikata dem Händler nach. Ein langes weißes Band ließ sie flattern, den Streifen ihres letzten Verbandes, den sie nun nicht mehr brauchte. Ihr Signal wehte, bis sich die Pünktchen in der endlosen Ebene verloren.

Ein Tag voller Neuigkeiten

Auf den Pflanzmonat folgte der Monat des Unkrauthackens. Nach dem Monat des Unkrauthackens begann der Jagdmonat. Gleich am Anfang des Jagdmonats war ein Tag, den Ikata nie wieder vergaß, ein besonderer Tag.

Ein scharfes »Ping, ping, ping« riß sie aus dem Schlaf. Durch das Rauchloch im Dach schimmerte der blaue Morgen. Das Mädchen spähte von seiner Bettbank zur Feuerstelle. Da kniete der Vater und schlug mit Stahl und Stein Funken: »Ping, ping, ping!«

Aber es glückte heute morgen nicht. »Es ist doch, als hätten die Büffel auf den Stein geblasen«, hörte Ikata ihn ärgerlich murmeln. »Das neumodische Zeug von den Händlern taugt wirklich nichts!« Ein paarmal versuchte es der Vater noch. Dann rief er: »Ikata! Ikata!«

Eilig schlüpfte das Mädchen unter seiner Decke hervor, vorsichtig, um die Großmutter nicht zu wecken. Sie schliefen ja längst wieder zusammen auf einer Bettbank, und die Atika hatte einen leichten Schlaf. Man hörte ihren Atem kaum.

»Hier bin ich, mein Vater«, sagte sie.

»Nimm das Schüsselchen dort und lauf zu unserem Nachbarn Blauer Kaliko. Bitte ihn um einige glimmende Holzstücke. Sonst bekomme ich das Feuer nicht in Gang.«

Ikata griff nach der flachen Tonschale und eilte hinaus. Ein langer Gang führte wie ein enger niedriger Tunnel nach draußen. Das Mädchen schlug den ledernen Vorhang am Ende des Ganges zurück und trat ins Freie. Ein schmaler Pfad führte zwischen den Häusern hindurch, die wie große Halbkugeln auf dem Boden saßen.

Die Sonne mußte gerade aufgegangen sein. Die Rauchschleier an den Spitzen der Dächer leuchteten im Licht, während unten noch das Nachtdunkel lagerte. Ikata schnupperte: Es roch gut nach brennendem Holz.

Im Nachbarhaus flammte das Feuer bereits. Lange goldene Zungen strebten zum Rauchloch in der Mitte des runden Daches empor. Maisquaste, die Tochter von Blauer Kaliko, stand am Maismörser und rumpelte mit dem Stößel auf und ab. Man hörte, wie die Körner unter den Stößen zerbarsten. »Es gibt Bärenpudding«, rief die Freundin, als Ikata hereinkam.

Blauer Kaliko und Maisquastes großer Bruder saßen schon am Feuer. Bescheiden hockte sich Ikata neben sie. Sie verhielt sich still, bis der Nachbar freundlich fragte: »Was willst du denn, mein Töchterchen?«

»Mein Vater bekommt keinen Funken aus dem Stein. Ich möchte um etwas Glut bitten.«

»Die sollst du gleich bekommen, sonst kann ja deine Mutter kein Frühstück machen, nicht wahr?«

Blauer Kaliko schob mit einem Ast ein paar glühende Holzstücke auf die Tonschale. Ikata bedankte sich und huschte eilig hinaus, denn die Schüssel wurde schnell heiß. »Bis gleich«, rief sie Maisquaste zu, als der Türvorhang hinter ihr zufiel.

Als sie die elterliche Hütte betrat, brannte dort auch

schon das Hausfeuer. Stahl und Stein hatten endlich doch Funken gegeben. Jetzt hüpften die Flammen durch das Reisig.

Ikata kroch noch einmal unter ihre warme Decke. Die Atika war schon aufgestanden und kramte mit der Mutter unter den Maisbeuteln auf der Vorratsbank. Eine Weile sah das Mädchen dem Spiel der Flammen zu, wie sie immer höher kletterten und auf den rauchgeschwärzten Kochkessel goldene Streifen malten. Ihr Bett, eine einfache Lattenlage mit kurzen Beinen und bedeckt mit einem schweren Bärenfell, stand an der Wand gleich neben dem Eingang. Von hier konnte man zwischen den dicken Pfosten, die das Dach trugen, zur Herdstelle sehen. Wie der Rauch durch die runde Dachöffnung hinauswirbelte, wie der heiße Atem des Feuers im Raum hing! Die Mutter schüttete den Mais in den Kessel. Sie tat auch noch zwei Hände voll Bohnen dazu und einen Löffel Fett und Fleisch.

Das Mädchen machte große Augen. So etwas gab es morgens ganz selten. Eigentlich nur, wenn die Büffeljagd gut ausfiel oder wenn die Ernte geborgen war. Was sollte das bedeuten, jetzt zu Anfang des Jagdmonats?

Da unterbrach die Stimme der Mutter ihre Gedanken. »Ikata zum Baden! Paß auf, daß Otter nicht zu tief ins Wasser geht!«

Das Mädchen warf die Decke zurück und lief zur Bettbank der Mutter. Dort schlief das Brüderchen. Gerade rieb es sich mit seinen Fäustchen den Schlaf aus den Augen und gähnte. Zärtlich legte er seine Arme um den Nacken der Schwester: »Trag mich wieder!«

»Hör mal! Du bist nun schon drei Winter alt und

kannst so gut laufen. Dabei soll ich dich immer noch huckepack nehmen! Eines Tages heißt du nicht mehr Otter, sondern ›Fauler Otter‹! Na, dann komm!«
Mit dem Bruder auf dem Rücken verließ Ikata das Haus. Auf den schmalen Pfaden zwischen den Hütten wimmelte es von Kindern, die alle zum Truthahnfluß wollten, nach der Westseite des Dorfes. Dort gab es keine Palisade, nur den Steilhang zum Wasser.
Aus dem Nachbarhaus kam Maisquaste gesprungen, und da waren auch die anderen Freundinnen alle: Pflaumenbaum, Weißvogel, Rotköpfchen, Zweizuviel. Jauchzend sprangen sie den Hang hinunter. Langsam folgte Ikata mit Otter auf dem Rücken.
Am Ufer flogen Jacken und Hemden beiseite. Dann stürzten sich alle ins Wasser. Ikata schnappte nach Luft. Der Truthahnfluß war kalt, auch jetzt im Sommer. Oder schien es nur so, weil man gerade aus dem warmen Bett gekrochen war? Jeden Morgen mußte sie sich von neuem daran gewöhnen. Otter machte es nichts. Er paddelte schon mit Armen und Beinen im Wasser, ohne zu versinken. »Ich bin ein Hund! Ich bin ein Hund«, schrie er voller Vergnügen.
Bald rannten die Kinder wieder nach Hause. Dieses Mal lief Otter nebenher. »Ich habe Hunger«, jammerte er.
»Sei still, ich habe noch viel größeren Hunger! Fast wie ein Präriewolf«, tröstete ihn die Schwester. Sie verstummte plötzlich. Das Frühstück der Mutter war ihr eingefallen. Ein so herrliches Essen am Morgen! Wo der Maisvorrat aus dem vergangenen Jahr knapp wurde, wo kaum noch ein Fetzen getrockneten Büffelfleisches übrig war...

Zu Hause saß schon die ganze Familie um die Feuerstelle versammelt. Ikata schmeckte es noch besser als sonst. Die Mutter füllte ihre Schüssel zweimal. Dann zerstreuten sich alle. Der Vater wollte einen der Vierhäuptlinge des Dorfes besuchen, Otter lief zum Spielen, die Großmutter und die Tanten nahmen ihre Hacken, um das Maisfeld von Unkraut und Steinen zu säubern.

Auch Ikata griff nach ihrer Hacke, aber die Mutter hielt sie auf. »Bleib hier, ich habe mit dir zu reden. Die Tanten und die Atika gehen voraus, wir kommen später nach.«

Die Mutter setzte Schüsseln und Löffel wieder an ihren Platz. Es lag ein besonderer Ton in ihrer Stimme. Ikata spürte, daß etwas Ungewöhnliches kam.

»Meine Tochter, du bist nun zwölf Winter alt. Als du geboren wurdest, war gerade der Abendstern aufgegangen. Deshalb haben wir dich nach der Frau im Abendstern genannt. Du weißt ja, sie wohnt im Westen, dort wo die Sonne hinter den Horizont fällt. Sie hat einen Garten voller wunderbarer Dinge. In ihm reift unaufhörlich der Mais, blühen die Sonnenblumen das ganze Jahr hindurch und sprudeln ständig große Quellen. Die Abendsternfrau wird dich überall wo du bist schützen.«

Die Mutter verstummte. Ihre Stimme hatte bei dem letzten Satz etwas gezittert. Dann fing sie wieder an. »Was du nicht kennst, ist unser Bündel.«

Ikata fühlte sich bei der Hand ergriffen und fortgezogen, zur Westseite des Hauses. Dort stand unauffällig ein viereckiger Erdklotz an der Wand. Auf ihm lag ein Büffelschädel. Darüber hing ein rundliches, drei

Spannen langes Paket, mit Hirschleder umwickelt. Es war schwarz von Rauch und Alter.
»Siehst du, das ist unser Altar und unser Bündel. Hier verbrennen wir Tabak« – die Stimme der Mutter senkte sich zum Flüstern – »für Tirawa, den Häuptling oben, den Vater der Menschen. In dem Bündel liegen Maiskolben, die in uralten Zeiten Tirawa selbst uns geschenkt hat. Sie stammen aus dem Garten der wunderbaren Dinge, in dem die Abendsternfrau wohnt. Bei ihr nimmt alles seinen Anfang: der Mais, die Büffel, das Wasser. Von heute ab schläfst du nicht mehr bei der Großmutter am Ausgang unseres Hauses, sondern hier neben dem Mais aus dem wunderbaren Garten. Die Großmutter steht am Ende ihres Lebens, sie ist auf dem Weg hinaus. Du fängst deinen Weg erst an. Deswegen gehörst du hierher, wo alles anfängt.«
Das Mädchen verstand nicht alle Worte der Mutter. Aber eines begriff es doch: Von heute ab rechnete sie nicht mehr zu den Kindern. Stumm und glücklich half Ikata, die neue Bettbank zu richten. Zuerst breiteten sie ein Bärenfell über die Latten. Dann kam ein heugestopfter Kaninchenbalg an das Kopfende. Schließlich holte die Mutter noch ein leichtes Hirschlederfell zum Zudecken. »Im Winter bekommst du wieder eine Wolldecke. Die hält wärmer. Und nun gehen wir hinaus aufs Feld. Atika und die Tanten können unseren Mais nicht allein hacken.«
Aber mit dem neuen Bett waren die Überraschungen noch nicht zu Ende. Es schien, als habe sich der wunderbare Garten geöffnet und ließe seine Geschenke hervorströmen.
Am Nachmittag nahm der Vater Ikata mit hinaus vor

das Dorf zu den Pferden. Sie gingen nicht zur Wasserseite, wo der Truthahnfluß murmelte, sondern zur Ostseite. Hier umzog in weitem Bogen die Palisade das Dorf. Davor öffnete sich die gewaltige Grasebene. In langen Wellen schwang sich die Prärie auf und ab. Gras, Gras, Gras, so weit man sehen konnte. Hier weideten die Pferde, bewacht von einigen großen Jungen.
Der Vater tat einen scharfen, hohen Pfiff. Einige Tiere hoben den Kopf. Auf einen zweiten Pfiff kamen sie angetrabt: sieben große Pferde und ein kohlschwarzes Pony mit einem weißen Mal auf der Stirn.
»Weißfleck, Weißfleck«, rief Ikata. Das Pony mit dem Stirnfleck war ihr Liebling.
»Hast du auch Salz mitgebracht«, fragte sie den Vater.
»Natürlich habe ich Salz mitgebracht. Deswegen kommen sie ja, wenn ich pfeife. Sie wissen genau, was sie bei diesem Pfiff zu erwarten haben.«
Ikata legte die Körnchen auf ihre Hand und drängte die großen Tiere fort. »Das ist nicht für euch, das ist für Weißfleck!«
Das Pony hatte die Worte wohl verstanden. Es beschnupperte die Hand des Mädchens und begann eifrig zu lecken. Entzückt betrachtete Ikata das Pferd und tätschelte den schwarzen Hals.
»Nun, wie gefällt dir das Pony?«
»Ein schöneres Pferd gibt es im ganzen Dorf nicht, mein Vater. Ich habe Weißfleck schon öfter Salz gebracht. Er kennt mich ganz genau.«
Der Vater lächelte. »So so, du hast ihm schon öfter Salz gebracht? Nun, von jetzt ab gehört das Pony dir.«
Das Mädchen starrte den Vater ungläubig an. »Weißfleck soll mir gehören?«

»Warum nicht? Du kannst doch reiten und hast schon oft genug auf einem Pferd gesessen! Der Kleine ist stark genug, um dich zu tragen.«
Ikata stotterte etwas. Die Freude ließ keinen richtigen Satz herauskommen. Aber der Vater verstand seine Tochter auch ohne Worte.
»Nun wollen wir es doch versuchen«, meinte er und streifte Weißfleck ein Zaumzeug über. Das war eine einfache Lederschlinge, die gleich hinter dem Maul fest am Kopf anlag. Rechts und links gingen die beiden Zügelbänder ab. Auf den Rücken legte der Vater einen Sattel aus Bärenfell. »Du brauchst keine Angst zu haben. Ich habe das Pony von einem Hütejungen zureiten lassen, es ist ganz folgsam. Willst du nach rechts, dann gibst du ihm mit dem rechten Knie einen Stoß; willst du nach links, tust du dasselbe mit dem linken Knie. Soll es rasch gehen, dann legst du dich nach vorn, und soll das Pferd stehen, wirfst du dich im Sattel nach hinten. Mehr brauchst du nicht zu wissen.«
Der Vater half Ikata hinauf. Sie faßte den Zügel und schnalzte. Weißfleck stieg ein wenig und begann zu traben. Das Mädchen legte sein Körpergewicht nach vorn und klatschte mit dem Zügel auf die Schulter. Das Pony stellte die Ohren hoch, und fort ging es wie ein Sturmwind! Der Grasboden schien unter der Reiterin dahinzufliegen, der heiße Wind schlug ihr ins Gesicht, in ihren Ohren dröhnte das Trommeln der Hufe! Sie jauchzte vor Begeisterung! Sie kam sich vor wie ein Falke hoch unter dem blauen Himmel!
In weitem Bogen ging es zum Vater zurück. Genau vor ihm brachte sie Weißfleck zum Stehen. Er nickte zufrieden. »Ihr beide paßt zusammen. Jetzt brauchst

du bei dem nächsten Büffelzug nicht mehr hinter der Mutter auf der braunen Stute zu sitzen. Du reitest auf deinem eigenen Pferd.«
Dem Mädchen verschlug es den Atem. Daran hatte es noch gar nicht gedacht. »Wann ziehen wir denn fort?«
»In acht Tagen wird es soweit sein.«
»Darf ich Weißfleck mit nach Hause nehmen?«
»Eigentlich gibt es das nur im Winter, wenn es den Tieren draußen zu kalt wird. Aber heute will ich es ausnahmsweise erlauben.«
Halb benommen vor Freude zog Ikata ihr Pony hinter sich her. Sie ruhte nicht, bis es neben ihrer Bettbank angebunden stand. Dann bettelte sie der Mutter eine Handvoll Mais ab. Halb im Schlaf hörte sie tief befriedigt, wie Weißfleck an den Körnern knabberte. In der Nacht stand sie ein paarmal auf und war erst beruhigt, wenn sie das glatte Fell ertastete und das leise Prusten ihres Pony hörte.
Ebenso aufgeregt war der kleine Bruder. Er wollte noch am Abend auf Weißfleck reiten und ließ sich kaum beruhigen.
»Morgen früh darfst du reiten, sofort nach dem Morgenessen«, versprach Ikata.
»Morgen früh ...« wiederholte Otter und schlief mitten im Satz ein.

Der sonderbare Traum

»Weißfleck hierher! Weißfleck hierher!« Ikata schrie aus Leibeskräften. Das Pony hörte nicht und trabte unbekümmert den flachen Hügelhang hinauf. Über den Hang rannten zwei Männer mit schwarz bemalten Gesichtern, wie sie das Mädchen noch nie gesehen hatte. Das waren doch ... Ikata strengte ihre Augen an. An den Ledergamaschen und an den Hemdsärmeln wehten lange schwarze Fransen. Einer trug ein Halsband aus Bärenkrallen. Sie sah deutlich, wie die Krallen beim Laufen hin und her hüpften.

Das waren doch Sioux! Die berüchtigten Pferdediebe, von denen der Vater so oft erzählte! Sie hatten es sicher auf Weißfleck abgesehen. Ikata wollte laufen, aber ihre Füße klebten am Boden. Sie wollte rufen, doch sie bekam keinen Laut aus der Kehle. Jetzt griff einer der fremden Männer nach Weißflecks Zügel! Ein heißer Hauch fuhr ihr ins Gesicht, etwas Haariges kitzelte sie. Entsetzt fuhr das Mädchen in die Höhe ...

Die Bilder des Traums zerflatterten. Wie aus einem tiefen Brunnen tauchte sie an die Oberfläche und blickte um sich. Neben ihr stand Weißfleck und prustete ihr ins Gesicht.

Ikata warf ihre Arme um den kleinen Pferdekopf. »Da bist du ja, mein Weißfleck! Du bist ja gar nicht fortgelaufen. Ich habe nur geträumt!« Ikatas Augen irrten

zum Rauchloch, durch das der blaue Himmel hereinsah, von da zu den Dachpfosten, und weiter zum Feuer, das eben zu prasseln begann. Es war ihr, als sähe sie das alles zum erstenmal.
»Ich habe ja nur geträumt«, flüsterte sie und streichelte ihr Pony immer wieder.
»Feuer ist an«, klang da die Stimme des Vaters. Es war das morgendliche Signal zum Aufstehen. Ikata verließ die Bettbank und lief mit Otter zum Baden. Das kühle Wasser verjagte die Schreckensbilder.
Als sich die Familie zum Frühstück rings um die Herdstelle niederließ, zog Ikata ihr Pony mit zum Feuer. Es gab flache, scharf gebackene Maiskuchen, und Weißfleck bekam die Hälfte von Ikatas Brot. Die Vaterschwestern machten verwunderte Gesichter. Besonders die ältere Tante, die auf den Namen Wolkiger Tag hörte, zog die Augenbrauen zusammen. Aber sie sagte nichts.
Die Atika dagegen fing an zu murmeln. Ihr zerknittertes Gesicht bekam noch mehr Falten, als sie mit ihrer Strafrede anfing. »Die neumodischen Tiere gehören nicht ans Feuer! Die weißen Leute haben sie ins Land gebracht, und alles, was die Weißen . . . «
Hier unterbrach sie der Vater. »Meine Tochter ist erst zufrieden, wenn sie an einem Ende des Maisbrotes beißt und Weißfleck am anderen.«
Alle lachten. Aber die Großmutter ließ nicht locker. Wenn sie auf die neuen Sitten kam, fand sie so bald kein Ende. Das war um so sonderbarer, als sie gern Kaffee trank. Und der Kaffee kam doch auch von den fremden Händlern! Aber dergleichen vergaß die Atika ganz, wenn sie über die Weißen schalt.

»Als ich so viele Winter zählte wie du, meine Enkelin, kannten wir diese neumodischen Tiere gar nicht und brachten sie auch nicht zum Feuer. Da gab es nur die Hunde!«

Die Atika mußte hüsteln. Ikata nutzte die Pause. »Aber Großmutter, die Hunde dürfen doch auch ans Feuer. Warum sollen denn die Pferde ausgeschlossen sein?« Sie zeigte auf die drei schwarzen Ungetüme, die zwischen den Essenden lagen und nach den zugeworfenen Happen schnappten. Sie hießen Wasser, Beller und Schnellfuß.

Die Atika geriet in Verwirrung. »Ja, ja, aber ...« Sie wußte nicht recht, was sie sagen sollte. Sie wehrte sich nicht einmal, als der zudringliche Wasser ihr das Brot aus der Hand riß und mit einem Happs verschlang. Dann hatte sie sich wieder gefaßt. »Früher wäre es nicht vorgekommen, daß Kinder den alten Leuten widersprachen.«

Ikata senkte den Kopf. Doch da sah sie ein unmerkliches kleines Lächeln in den Augenwinkeln der Mutter. Sie wisperte ihr zu: »Weißfleck muß auf die Weide.« Die Mutter nickte und sagte laut: »Unsere Atika hat recht. Bring dein Pony hinaus!«

Glücklich zog das Mädchen ab. Otter stolperte hinterher. »Ich darf doch jetzt reiten«, erinnerte er die Schwester.

»Natürlich darfst du jetzt reiten. Komm nur mit.«

Draußen vor dem Dorf begann Weißfleck sogleich zu weiden. Die Sommerhitze hatte die Spitzen des Grases bereits gedörrt, aber dem Pony schmeckte es. Die Tiere kannten es nicht anders.

Ikata hob Otter hoch und setzte ihn auf den glänzen-

den schwarzen Rücken. Seine kleinen Beine spreizten sich weit auseinander, seine Hände griffen in die Mähne. Die Schwester führte das Pferd ein paar Schritte. Otter jauchzte vor Freude.
Sein Jubelgeschrei lockte die Kinder herbei. Immer mehr kamen angerannt und versammelten sich um das Pony. »Was für ein schönes, schwarzes Fell!« »Weshalb ist es denn nicht bei den anderen Pferden auf der Weide?« »Gehört das Pony etwa dir?« Die Fragen schwirrten durcheinander.
»Ja, seit gestern gehört es mir!«
Die Freundinnen schrien auf vor Überraschung. »Was? Es gehört dir? Dann mußt du mich auch reiten lassen«, bettelte Maisquaste.
»Mich auch, mich auch«, klangen ein Dutzend Stimmen. Rotköpfchen, Pflaumenbaum, Zweizuviel – alle wollten das Pony haben, auch die größeren Jungen.
Ikata blickte ratlos um sich. »Ihr könnt doch nicht alle auf Weißfleck reiten? Höchstens zwei nacheinander! Du, Maisquaste, und du, Rotköpfchen – und dann ist Schluß!«
Sie nahm das Brüderchen herunter. Maisquaste saß auf und ritt einen kleinen Bogen, danach Rotköpfchen. Inzwischen wurde das Geschrei immer lauter. Alle stießen und drängten sich, um an das Pony heranzukommen.
»Du kannst doch nicht nur deine Freundinnen reiten lassen! Wir Jungen wollen auch einmal drankommen! Ein Pferd ist überhaupt nichts für Mädchen!«
Besonders Igel wurde immer unverschämter. Seine abstehenden Borsten zitterten geradezu von seinem Geschrei. Auf einmal – Ikata wußte nachher nicht, wie es geschah – saß er oben und wollte davontraben.

Aber ob nun Weißfleck die Geduld verlor oder ob ihn das wilde Geschrei scheu machte – er stieg fast senkrecht in die Höhe, und plumps lag Igel unten. Der Boden dröhnte richtig.

Einen Augenblick war Ruhe, dann brach ein lautes Gelächter los. Mühsam rappelte sich Igel auf. Er blickte böse auf die Lacher. Dann versetzte er Weißfleck einen Fausthieb in die Flanke. Das Pony machte einen Satz und raste davon.

Ikata wurde glühend rot vor Zorn. »Du bist wohl verrückt geworden, mein Pony zu schlagen!« Damit knallte sie ihre Hand in das breite Gesicht des Jungen, daß es nur so klatschte. Von der Palisade kam ein schallendes Echo zurück.

Igel duckte sich. Einen Augenblick sah es so aus, als wollte er Ikata an den Hals fahren, obwohl er einen Kopf kleiner war als sie. Dann besann er sich und zischte: »Das werde ich dir noch eintränken!« Damit rannte er davon.

Die Kinderschar löste sich auf. Einige liefen Igel nach. Ikata rannte mit Maisquaste hinter dem Pony her. Weißfleck konnte sie leicht einfangen. Aber Ikata ließ niemand mehr aufsteigen. »Wenn ihr alle mit ihm galoppieren wollt, ist er todmüde, ehe unsere Sommerjagd anfängt. Dieses Mal will ich nicht hinter der Mutter auf der braunen Stute sitzen, sondern auf meinem Pony!«

»Weißt du schon, wann es losgeht?« fragte Maisquaste.

»Mein Vater erzählte mir gestern, in acht Tagen.«

»In acht Tagen? Meine Mutter meinte schon in vier Tagen. Nun, wenn es ausgerufen wird, wissen wir es. Bis morgen!« Die Freundin winkte und lief zum Dorf.

Als Weißfleck sich satt gefressen hatte, setzte Ikata das Brüderchen wieder auf das Pony und führte beide nach Hause zurück. Aber jetzt band sie ihr Pferd draußen an, an einem der Türpfähle. Sie war heilfroh, Weißfleck vor der Tür gelassen zu haben. Denn kaum war sie drinnen, als die Mutter das Brüderchen auf den Schoß nahm und Ikata bedeutete, still zu sein. »Sie holen gerade die heiligen Maiskolben!«
Das Mädchen hockte sich neben die Mutter auf die Matte. Als sich ihre Augen an die Halbdämmerung gewöhnt hatten, sah sie den Vater und drei Männer vor dem Altar stehen, an der Westseite des Hauses. Das glimmende Feuer warf ein schwaches gelbes Licht auf ihre Rücken. Leises Gemurmel erfüllte den Raum . . .
Ikata erinnerte sich. Im vergangenen Jahr war es ebenso gewesen. Der Vater hob das Bündel von der Wand und öffnete es. Jeder der Männer erhielt einen Maiskolben. Sie wurden immer auf die große Jagd mitgenommen als Geschenke aus dem wunderbaren Garten bei Sonnenuntergang. Sie brachten Glück. Denn dort gab es Mais und Büffel im Überfluß. Hier waren die Büffel schon selten geworden. Nur weit im Westen zogen noch die Herden wie in alter Zeit. Wenn das Dorf Büffel jagen wollte, mußte es eben nach Westen wandern, flußaufwärts bis fast zu den Quellen.
Jetzt wandten sich die Männer und verließen ohne ein Wort den Raum. Ikata eilte hinter ihnen her. Sie wollte draußen den Vater abfangen. Allein der Vater war schon zwischen den Häusern verschwunden.
Sie mußte lange warten, ehe er wieder auftauchte. Das Mädchen lief ihm entgegen und hängte sich an seinen

Arm. »Darf Weißfleck auch heute nacht im Haus bleiben, neben meiner Bettbank?«
Der Vater lachte. »Nein, das geht nicht. Was sollen denn die Tanten und die Atika sagen? Im Sommer gehören doch die Pferde auf die Weide.«
»Aber wenn Weißfleck nun gestohlen wird?«
»Das geschieht nicht! Die Hütejungen passen schon auf und wechseln sich Tag und Nacht ab. So nahe ans Dorf wagen sich auch die frechsten Diebe nicht!«
»Wenn sie aber nun doch kommen?«
»Woher willst du das wissen?«
Das Mädchen zögerte. »Ich habe es geträumt, mein Vater.«
»Geträumt?« Das Gesicht des Vaters wurde auf einmal ernst. Zwischen seinen Augenbrauen erschienen ein paar senkrechte Falten. Träume galten ihm viel. Er sagte, Träume kämen von Tirawa, dem Häuptling oben, dem Vater der Menschen. »Erzähl doch mal. Aber langsam und eines nach dem anderen.«
Ikata berichtete, was sie gesehen hatte. Der ganze Traum zog wieder an ihr vorbei. Nur einmal unterbrach sie der Vater. »Lange, schwarze Fransen an den Gamaschen? Trugen sie auch Fransen an den Ärmeln?«
Ikata überlegte. »Ja, das weiß ich ganz genau. Sie flatterten beim Laufen wie eine Pferdemähne!«
»Dann waren es Sioux! Keine Comanchen und auch keine Osagen, sondern Sioux. Mit denen liegen wir Pani seit langem im Streit.«
Der Vater versank in Nachdenken. Es war, als grübelte er über Dinge nach, die in Zukunft geschehen sollten, die man aber schon mit der Hand greifen konnte.
Endlich meldete sich Ikata wieder, leise und schüchtern.

»Und deshalb habe ich Angst um Weißfleck, er könnte gestohlen werden.«
»Was meinst du? Ach so, ja, dein Pony. Am besten bindest du es draußen an, neben dem Haus, an den Pfahl dort. Hierher kommt kein Dieb.«
Ikata war einverstanden. Sie versorgte ihr Pony den Tag hindurch mit Gras. Während des Nachtessens lief sie zweimal hinaus, um Weißfleck eine Handvoll Maiskörner zu bringen und ein Stück Brot. Er mußte stark und kräftig sein für den großen Marsch in das Büffelland.

Wie das Pony beinahe gestohlen wurde

Der nächste Morgen zog herauf wie alle Tage im Jagdmonat: mit stahlblauem Himmel und schnell steigender Hitze. Als Ikata mit Otter aus dem Hausgang heraustrat, blieb sie wie angewurzelt stehen. Weißfleck war fort! Sie stürzte zu dem Pfahl. Da hing noch ein Stück des Seiles. Ikata nahm es in die Hand. Es war mit einem scharfen Messer durchgeschnitten.

Wie gelähmt stand das Mädchen. Maisquaste rannte herbei. »Komm mit zum Baden! Aber was machst du denn für ein Gesicht? Wie ein Hund, dem man den Knochen fortgenommen hat! Was hast du denn?«

Ikata starrte die Freundin an, als verstünde sie kein Wort. Dann erwachte sie plötzlich. »Weißfleck ist fort! Gestern habe ich ihn hier angebunden. Jemand hat ihn abgeschnitten. Hier sieh nur: der Rest von dem Seil! Glatt abgeschnitten!«

Plötzlich liefen ihr ein paar Tränen über das Gesicht. »Sicher hat ihn jemand gestohlen.«

»Ach was! Er ist vielleicht nur fortgelaufen, zu den anderen Pferden auf die Prärie hinaus. Es war ihm eben zu langweilig, hier allein zu sein. Dort müssen wir ihn suchen. Schnell! Rotköpfchen nimmt Otter mit zum Baden.«

Ikata wurde von der Tatkraft der Freundin angesteckt. Eilig liefen sie zum Ufer hinunter und übergaben Otter

der Freundin. »Paß auf, daß Otter nicht zu tief ins Wasser geht. Wir müssen noch was suchen!«
Ehe Rotköpfchen fragen konnte, stürmten die beiden den Uferhang wieder hinauf und rannten durch die engen Gäßchen des Dorfes zum Ausgang auf der Prärieseite. Dort ließ die Palisade einen schmalen Schlitz frei, gerade breit genug, um Menschen und Pferde durchzulassen. Die Mädchen huschten hinaus. Die große Pferdeherde weidete vor der Palisade wie immer. Überall sah man die braunen, weißen und schwarzen Tupfen über die Ebene verstreut.
»Da ist er ja«, jubelte Ikata. Sie hatte ihren Liebling sofort erkannt. Gar nicht weit vom Tor rupfte Weißfleck das Gras. Das abgeschnittene Seil hing noch an seinem Hals.
»Wer hat das getan? Losgerissen hat er sich nicht! Das sieht man sofort!« Die Freundinnen überlegten und fragten dann einen der Hütejungen. Der wußte nichts. »Das Pony war auf einmal da. Es kam ganz allein aus der Palisade getrabt.«
Die Mädchen rupften einen Armvoll Gras und gingen mit Weißfleck nach Hause. »Jetzt fällt mir ein, wer es getan hat«, sagte Maisquaste auf einmal. »Niemand anders als Igel!«
»Ah! Natürlich! Weil ich ihm eine Ohrfeige gegeben habe! Dafür hat er sich gerächt. Aber warum hat er auch Weißfleck geschlagen? Die Ohrfeige hatte er redlich verdient!«
»Das nächste Mal ...«
»Still, höre, der Ausrufer!«
Vom Dorf her klang eine langgezogene Stimme. Die Mädchen sahen den Rufer auf der Kuppel eines Hauses

stehen. Der Wind trug den Schall zu ihnen herüber. Kein Wort entging ihnen.
»Hört, hört, ihr Leute des Himmelsdorfes der Pani! Die Häuptlinge haben beschlossen, in vier Tagen aufzubrechen. Erledigt alles, was noch zu tun ist. Am Morgen des fünften Tages verlassen wir unser Dorf. Wir kampieren an diesem Tag auf dem Platz ›Viele Süßkartoffeln‹. Dort bleiben wir einen Tag, bis auch die Nachzügler da sind. Dann ziehen wir den Niobara aufwärts.«
Die Siedlung hier hieß eigentlich »Dorf, das den Himmel kratzt«. Aber diesen langen Namen benutzte niemand. Jedermann wußte auch bei der Abkürzung »Himmelsdorf«, daß es der Wohnplatz der Pani am Truthahnfluß war, einem südlichen Nebenfluß des Niobara.
Eilig rannten die Mädchen nach Hause. Sie wußten, wie viele Arbeiten in den vier Tagen bis zum Aufbruch zu bewältigen waren. Unterwegs sprudelte Maisquaste atemlos hervor: »Es geht ja wieder denselben Weg wie im vorigen Sommer, erst am Truthahnfluß entlang, dann durch die Furt des Niobara und schließlich nach Westen, immer nach Westen.«
»Und dieses Mal habe ich ein eigenes Pferd«, jauchzte Ikata. »Komm Weißfleck, und laß dich nicht wieder abschneiden!«
Sie bemerkte den betrübten Blick der Freundin nicht und überhörte auch die leise Spur von Neid, die in Maisquastes Stimme lag: »Ja, du hast ein eigenes Pferd! Ich muß wieder auf einem der Packgäule sitzen oder hinter meiner Mutter!«
Zum Baden blieb an diesem Morgen keine Zeit mehr.

In der Hast der Vorbereitungen ging der gewohnte, gemächliche Tageslauf unter. Der Vater kümmerte sich um die Zeltstangen, um Sättel, Zaumzeug und Gewehre. Die Mutter wußte gar nicht, wo sie anfangen sollte.

Da war zunächst die Zeltdecke nachzusehen. Die Familien wohnten während der Reise in großen kegelförmigen Tipis, deren Stangen und Planen mitgeschleppt werden mußten. Am Nachmittag jeden Reisetages stellte man die Zelte auf, am folgenden Morgen wurden sie wieder zusammengepackt. Die Stangen besorgte der Vater, die Decke aber die Mutter.

»Zwei Zeltstangen muß ich ersetzen. Sie sind am Ende ganz abgeschabt und auch schon wurmstichig«, bemerkte der Vater. Er kramte seine Axt hervor. »Ich gehe gleich, um zwei neue Stangen zu schlagen.«

Die Zeltdecke war schwerer zu bewältigen. Sie lag zusammengefaltet als großes, dickes Paket auf einer unbenutzten Bettbank, zusammengenäht aus fünfzehn Büffelfellen. »Wir müssen die Decke hinaustragen auf die Prärie und dort ganz auseinanderfalten. Dann sehen wir, ob die Mäuse Löcher hineingefressen haben«, sagte die Mutter.

Die Frauen mußten kräftig zupacken, um die Last vor das Dorf zu befördern. Da lag sie endlich, ein großer Halbkreis, mit Sternen und Wolken bemalt und unten am Rand mit spitzen Bergen.

»O weh«, seufzte die Mutter. »Hier ist ein Loch und da noch eins!« Tante Wolkiger Tag fand zwei abgerissene Schlaufen am Türschlitz. Ärgerlich schalt die Mutter: »Das kommt nur davon, wenn beim Gerben die Fleischreste nicht sauber abgekratzt werden. Wo auch

nur eine einzige Fleischfaser hängen bleibt, fressen sich die Mäuse in das Leder.«
Ikata dachte an ihren Arm, der vom vielen Felleschaben krank geworden war und den Onkel Weißbart geheilt hatte. Im vergangenen Frühling war bestimmt kein Fäserchen an den Häuten geblieben! Jetzt wandte sich die Mutter an sie. »Hier ist eine Nadel und Sehnenzwirn. Näh Lederlappen auf die Löcher und ersetz auch die beiden Schlaufen. Sobald du fertig bist, sag uns Bescheid. Wir gehen inzwischen nach Hause. Es ist noch genug anderes zu tun.«
Ikata blieb zurück. Ebenso Weißfleck, der mitgelaufen war und sich erst einmal behaglich im Gras wälzte. Ja, die Geschichte mit dem abgeschnittenen Seil wollte sie dem Vater erzählen. Aber nicht einmal beim Morgenessen hatte sie dazu Zeit gehabt. Nach dem Ruf zum Aufbruch war vieles unwichtig geworden, sogar das abgeschnittene Seil.
Auch einer von den drei Hunden fand es hier draußen schöner als in dem aufgeregten Betrieb zu Hause. Es war der schwarze Wasser. Erst bellte er gewaltig. Dann fing er an zu scharren. Vielleicht hatte er das Nest einer Wiesenmaus entdeckt.
Aus dem Dorf kamen immer mehr Frauen mit neuen Zeltdecken. Überall breiteten sich die weißen Flächen aus wie Flecken frischgefallenen Schnees. Gelächter und Rufe stiegen in die warme, durchsonnte Luft.
Während Ikata ihre Nadel einfädelte und die Lederlappen mit dem Messer zurechtschnitt, begannen einige Frauen zu singen. Fröhlich sang sie mit:

»Sieh nur, sieh die Wellen des Flusses
In großen Bogen durch das Land eilen!

Wir wandern ihnen entgegen,
Dorthin, wo die Sonne schläft,
Wo der Garten des Abendsterns blüht,
Wo die Maisfelder reifen,
Wo die Büffel weiden!
Eya, eya, eya!«

Das Nähen war mühsam genug. Das dicke Leder ließ sich mit der eisernen Nadel kaum durchstechen. Oft genug mußte Ikata mit der Spitze des Messers vorbohren, ganz vorsichtig, damit das Loch nicht zu groß wurde. So ging es langsam vorwärts, Stich neben Stich. Es wurde Mittag, ehe Lappen und Schlaufen festsaßen. Ikata dehnte ihre schmerzenden Glieder. Dann lief sie mit Wasser nach Hause. Weißfleck blieb zurück. Die Hütejungen paßten ja auf.

Als sie mit der Mutter und den Tanten zurückkam, hockte Igel vor der Zeltdecke. Sie erkannte ihn schon von weitem und erschrak heftig. Doch das Pony weidete ganz ruhig hinter der ausgebreiteten Zeltdecke. Wasser schien auch wenig Gefallen an dem ungebetenen Besucher zu finden. Laut bellend raste er auf Igel zu. Der Junge schnellte in die Höhe und schoß wie ein Pfeil davon. Wasser tobte hinter ihm her. Sein Geheul klang so drohend, als wollte er den Flüchtenden mit Haut und Haar verschlingen.

»Wasser, hierher«, rief die Mutter laut. Tatsächlich kehrte der riesige Hund sofort um.

»Was wollte denn der Junge bei unserer Zeltdecke«, wunderte sich die Mutter. Ikata sagte kein Wort. Es war, als hielte ihr jemand den Mund zu. Die Mutter beruhigte sich, sie sah keine Beschädigung des Büffelleders.

»Vielleicht wollte er nur die Malerei aus der Nähe ansehen«, vermuteten die Tanten. Ikata dachte bei sich: Das weiß ich besser! Den haben wir nur rechtzeitig aufgeschreckt, ehe er Unheil anrichten konnte. Wer weiß, was er sonst wieder abgeschnitten hätte! »Heute abend muß ich Weißfleck wieder bei meinem Bett anbinden«, sagte sie laut.

»Wie kommst du denn auf einmal darauf?« Erstaunen schwang in der Stimme der Vaterschwester. »Du bist doch ein wunderliches Mädchen mit deinen Gedankensprüngen!«

Die Frauen falteten die Riesendecke zusammen und schleppten sie nach Hause. Ikata zog Weißfleck hinter sich her. Dann versank auch dieses Erlebnis in der Flut drängender Arbeit.

Für den Vater mußten neue Mokassins genäht werden. Alle anderen Mokassins erhielten eine zweite Sohle aus Büffelleder. »Die Hirschhaut hält nichts aus«, ärgerte sich die Mutter. »Nähen wir nicht das dicke Leder darunter, sind alle Schuhe in zwei Tagen durchgelaufen.«

Ihre eigenen Mokassinsohlen mußte Ikata selber festnähen. Man nahm dazu die starke Haut von der Stirn des Büffels. Das Mädchen stellte zuerst den rechten, dann den linken Schuh auf das weiße Leder. Tante Wolkiger Tag fuhr mit einer Holzkohle rings um den Schuh. Mit einem Messer schnitt sie dann die Sohlen aus dem Leder.

»Nun näh die Sohlen unter deine Mokassins«, befahl die Mutter. Das war eine saure Arbeit, ebenso schwer wie das Flicken der Zeltplane. Zweimal ging es mit der Nadel rings herum um die Sohle. Daumen und Zeigefinger bluteten, aber Ikata mußte zu Ende nähen.

Nun kamen die Kleider dran. Ikata erhielt Frauengamaschen, mit gelben, roten und blauen Blumen bestickt. Solche Futterale bestanden aus Hirsch- oder Antilopenleder und gingen bis zum Knie. Die Mutter schnitt sie zu. »Du mußt sie unbedingt haben, denn sonst scheuerst du dir an Weißflecks Flanken die Beine auf.«
Mehr konnte die Mutter allerdings nicht tun, sie hatte einfach keine Zeit. Die Tanten übernahmen die Stickerei an den Gamaschen. Ikata sah voll Dankbarkeit, wie sogar die Vaterschwester Wolkiger Tag bis in die Nacht hinein am Feuer saß und aus gefärbten Stachelschweinborsten die Muster auf das Leder zauberte.
So schöne Gamaschen hatte niemand, weder Maisquaste noch Rotköpfchen noch sonst ein Mädchen. Dazu sollte sie ihr bestes Lederhemd anziehen: das Abendsternkleid! Es reichte bis zu den Knien und wurde mit einem blauen Gürtel zusammengehalten. Vorn auf der Brust und hinten auf dem Rücken war ein Kreuzchen aufgemalt, ebenfalls in blauer Farbe, das Zeichen des Abendsterns!
Der ganze Ledervorrat ging bei der unermüdlichen Näherei drauf. Vor allem die Pemmikanbeutel fraßen viele Lederfelle weg. Das waren Taschen in allen möglichen Formen, kleine und große. Der Rand legte sich in Falten und ließ sich mit einer Lederschnur fest zuziehen. Und was mußte Ikata alles darin verstauen: Mais, getrockneten Kürbis, Bohnen, luftgetrocknetes Büffelfleisch, Büchsen mit Kaffee. Es blieb ja auf der Hinreise nicht viel Zeit, auf die Jagd zu gehen. Deshalb mußte man Vorräte mitnehmen, um jeden Nachmittag schnell ein Essen zu richten.

Waren die Beutel leer gegessen, füllte man sie während der großen Jagd mit Pemmikan, einer lange haltbaren Paste aus Büffelfleisch und Fett. Dazu klopften die Frauen getrocknetes Fleisch klein und übergossen es mit heißem Fett. Beim Erkalten wurde die Masse steinhart. Die Beutel sahen dann aus wie große Kürbisse und ließen sich leicht transportieren.
So drängte und schob eine Arbeit die andere. Ständig wurde Ikata gerufen. Bald mußte sie die Messingkessel am Fluß scheuern, bis sie golden glänzten. Bald mußte sie ins Nachbarhaus laufen und eine eiserne Nadel leihen, weil die Atika die ihrige zerbrochen hatte. Dann mußte sie wieder beim Nähen helfen oder Brennholz holen oder Wasser herbeitragen. Es blieb kaum Zeit, zwischendurch nach Weißfleck zu sehen. Abends fielen ihr beim Essen die Augen zu.
Doch auch diese vier Tage gingen vorüber. Mit der fünften Sonne erschien ein anderer Morgen, ganz anders als die vorhergehenden.

Wo »Viele Süßkartoffeln« wachsen

Zum letztenmal für lange Zeit saß die Familie um das Hausfeuer. Die Mutter hatte sogar Kaffee gekocht, den es sonst morgens nie gab. Die Atika schlürfte die schwarze Brühe, die ohne Zucker so bitter schmeckte, laut hinunter. Gegen Kaffee hatte sie nichts, auch nichts gegen Zucker, obwohl doch beides von den weißen Händlern kam. Aber trotz des Kaffees wollte die gewohnte Behaglichkeit nicht aufkommen. Der Druck des Abschieds lag auf allen. Ikata mochte sich nicht einmal über ihr schönes Kleid freuen. Selbst das Feuer knisterte ganz leise.

Wie immer bei dem großen Büffelzug im Jagdmonat blieben die Alten und Kranken im Dorf zurück. In Ikatas Elternhaus waren es die Großmutter und die Tante Wolkiger Tag. Die Strapazen der Reise waren für sie viel zu groß. Nur die jüngere Vaterschwester Aufhellender Tag ging mit, damit die Mutter eine Hilfe hatte.

Nach dem Essen sagte der Vater: »Die Zeltstangen müssen zuerst hinaus. Sie liegen im Eingangskorridor. Es sind sechzehn Stück. Ich nehme sechs. Die anderen bringt ihr nach.«

»Wir nehmen acht Stangen, jede von uns vier«, erklärten die Tanten. »Ikata kann die beiden letzten tragen.«

Eilig bepackten sich alle mit den langen glatten Höl-

zern. Sie hielten die Stangen oben fest, wo sie dünner wurden, und ließen die dicken Enden auf dem Boden nachschleifen. So ging es am leichtesten.
Draußen in den Gäßchen war kaum durchzukommen. Zeltstangen, Pakete, Säcke, Beutel, Tragetaschen, Äxte, Beile, Messingkessel und hundert andere Dinge wurden hinausbefördert vor das Dorf. Die Pferde waren schon zusammengetrieben: eine dunkle, unruhig durcheinanderwogende Herde. Die Leute riefen und schrien. Jeder suchte sich seine Tiere heraus.
Der Vater gab den gewohnten, durchdringenden Pfiff von sich. Da kam die braune Stute angetrabt, hinter sich die sechs anderen großen Pferde und ganz am Schluß auch Weißfleck.
Der Vater koppelte den Tieren die Vorderfüße zusammen, damit sie nicht fortliefen. Doch die Pferde kannten das bereits und hielten ganz still. Die Sättel wurden aufgelegt und sorgsam mit Riemen festgezurrt. Durch die Lederschlaufen an der Seite der Sättel steckte der Vater die Zeltstangen, an jeder Sattelseite zwei, so daß jedes Pferd vier Stangen trug.
Ikata atmete auf. Sie hatte sich Sorgen gemacht, auch Weißfleck müßte zwei Stangen ziehen. Doch jetzt genügten vier große Pferde für das ganze Zeltgerüst. Die Stangen ragten schräg nach oben neben den Pferdeköpfen. Hinten lagen sie auf der Erde und schleppten auf dem Boden nach.
Jedesmal, wenn der Vater ein Pferd fertig beladen hatte, verschnürte die Mutter auf den Enden der Stangen den Packdeckel. Das war nichts weiter als ein aus Weidenruten geflochtener großer Teller.
»Siehst du«, erklärte die Mutter, während ihre ge-

schickten Finger die Lederriemen festzogen, »der Deckel hält die Stangen hinter dem Pferd auseinander. Sie bleiben jetzt immer in der gleichen Entfernung. Sonst schlagen sie beim Marsch den Pferden dauernd an die Hinterbeine.«

Auf diesen Deckeln wurde dann das Gepäck festgebunden. Zuerst kam die Zeltdecke. Auf dem zweiten verschnürten die Tanten die Säcke mit Töpfen, Schüsseln, Löffeln, Kleidern und Mokassins. Der dritte Deckel nahm die Essensvorräte auf und die messingenen Kochkessel. Auf dem vierten fand ein Gewehr Platz – ein zweites nahm der Vater in die Hand –, die Beutel mit Pulver und Bleikugeln, eine Axt, zwei Beile und die Tasche mit den Zeltpflöcken.

Oft genug liefen die Frauen zwischen dem Dorf und den Pferden hin und her, bis alles herbeigetragen und verpackt war. Die Mutter überprüfte noch einmal die Ladung und stutzte. »Es fehlt der Beutel mit dem Nähzeug. Die eisernen Nadeln und den Sehnenzwirn muß ich unbedingt haben.«

Ikata flog zurück ins Dorf. Im Hauseingang prallte sie fast mit der Atika zusammen. »Mutter hat den Nähbeutel vergessen«, stieß sie atemlos vom schnellen Lauf hervor.

»Ich habe es schon gesehen und wollte ihn gerade bringen«, meinte die Großmutter.

Ikata blickte die Atika an: Die alte brüchige Stimme hatte so besonders geklungen. Dann entdeckte sie plötzlich, wie zwei Tränen über die runzeligen Wangen liefen. Unvermittelt sagte die Atika: »Ich werde dich nicht wiedersehen, meine Enkelin.«

Ikata erschrak. »Aber Großmutter, du brauchst doch

keine Angst zu haben. Dir tut keiner was. Beller und Schnellfuß bleiben ja auch hier!«
Der Vater hatte bestimmt, daß nur Wasser mitgehen sollte. Die anderen Hunde mußten zu Hause bleiben.
Ein kleines Lächeln huschte über das Gesicht der Großmutter. »Es kommt alles so, wie Tirawa will«, flüsterte sie. Dann gingen sie beide das enge Gäßchen entlang, das zum Ostausgang des Dorfes führte. Vater und Tante Aufhellender Himmel saßen bereits auf ihren Pferden. Schnell verstaute die Mutter das Nähzeug in einer Packtasche und bestieg ihre Stute. Ikata reichte Otter hinauf, der vor der Mutter seinen Platz fand. Jetzt sprang sie selbst in den Sattel und zog Weißflecks Zügel an.
In diesem Augenblick brach die erste Gruppe auf. Etwa zehn Familien ritten davon. Die Hufe von mehr als siebzig Pferden dröhnten auf dem Boden. Andere Familien waren noch nicht fertig und kamen erst nach und nach in Bewegung. Am ersten Reisetag brauchte man nicht so pünktlich zu sein. Staub wirbelte auf. Die nachschleifenden Zeltstangen machten das knirschende Geräusch, das Ikata noch vom vergangenen Jahr im Ohr hatte.
Kleiner und kleiner wurden die Zurückbleibenden: die Alten, die Kranken und einige Krieger zu ihrem Schutz. Ikata hob noch einmal die Hand und winkte. Da stand die gebückte Gestalt der Atika, neben ihr die Vaterschwester Wolkiger Tag!
Jetzt schob sich ein sonderbares Gefährt zwischen die Pferde und verdeckte die winkenden Menschen. Das war der Wagen, den der Händler mitgebracht hatte und von dem die Leute tagelang gesprochen hatten.

Ikata lenkte Weißfleck ein Stück zurück, um sich das merkwürdige Ding genau anzusehen.
Es war so, wie sie es in Erinnerung hatte: die Räder, der Kasten, die Zugstange mit den beiden Pferden. Sie wußte, der Wagen gehörte der Familie des Igel. Sein Vater war einer der vier Dorfhäuptlinge und hatte das rollende Haus von Onkel Weißbart gekauft. Zum erstenmal wurde solch ein Ding mit auf die Sommerreise genommen. Die anderen Familien ritten und ließen ihr Gepäck von Pferden tragen, wie es immer gewesen war.
Offenbar hatten die Leute des Igel alle ihre Sachen in dem Wagenkasten verstaut, aber das konnte Ikata nicht erkennen. Denn über dem Kasten wölbte sich eine runde weiße Plane, fast wie die Dachkuppel über einem Haus.
Dafür sah sie Igel um so besser. Er saß an der Vorderseite des Wagens auf einem Sack voll Maisstroh. In der Hand hielt er eine lange Peitsche. Damit knallte er höchst kunstvoll: zweimal leise und einmal laut. Klatsch – klatsch – knall! Klatsch – klatsch – knall! Das Knall klang fast wie ein Gewehrschuß.
Igel war ganz vertieft in seine Beschäftigung und achtete nicht einmal auf die Hunde, die das rollende Gefährt umtobten. Plötzlich sah Ikata einen Mann mit zornrotem Gesicht an den Wagen heranreiten. »Dummer Bengel«, schrie er, »hör auf mit deinem Geknalle! Du machst ja die Pferde scheu und die Hunde wild!«
Igel zuckte zusammen und ließ seine Peitsche sinken. Er warf einen wütenden Blick auf Ikata und wurde noch wütender, als Wasser wie rasend gegen den Wagen anbellte.

»Wasser, komm her«, rief Ikata. Der Hund machte kehrt und umkreiste Weißfleck in großen Sprüngen. Das Mädchen gab ihrem Pony einen Schlag und galoppierte davon. Was kann ich dafür, wenn ihn jemand anschreit, dachte sie. Und wenn Wasser ihn nicht leiden kann, ist er selbst schuld. Was hatte er bei unserer Zeltplane zu suchen?

Es gab an diesem Morgen noch mehr ungewohnte Dinge als den quietschenden Wagen und den Igel mit seiner Peitsche. Kurz vor der Mutter und Tante überholte Ikata die Familie des Blauen Kaliko. Ganz vorn ritt ein Mädchen auf einem weiß und rotbraun gefleckten Pony. Die Reiterin sah aus wie Maisquaste, mit demselben hellen Haar, von dem die Freundin ihren Namen hatte.

Ikata lenkte Weißfleck näher heran und staunte. »Maisquaste, du bist es ja selbst! Ich dachte schon, es wäre jemand anders, weil du doch sonst bei deiner Mutter auf eurem großen Grauen sitzt. Woher hast du denn auf einmal das Pony?«

Die Freundin strahlte. »Denk nur, ich habe jetzt auch ein Pferd. Ist es nicht hübsch? Weiß und rotbraun! Ich habe es Scheck genannt. Mein Vater hat es gestern eingetauscht gegen ein altes Gewehr!«

Nun, ganz so war es nicht. In Wirklichkeit hatte Maisquaste ihrem Vater tagelang in den Ohren gelegen, er solle ihr auch ein Pony kaufen, weil Ikata jetzt ein Pony hätte. Der Vater hatte auch kein altes, sondern ein ziemlich neues Gewehr dafür gegeben. Aber davon erzählte Maisquaste nichts. Es war ja auch nicht wichtig. Wichtig war nur das Pony selbst. Ikata bewunderte es neidlos und freute sich mit.

Die Freundinnen hatten sich in den letzten Tagen nur von fern gesehen und in der Arbeitshast des Aufbruchs kein Wort miteinander gesprochen. Jetzt ritten sie fröhlich nebeneinander her und machten sich gegenseitig auf alle Dinge aufmerksam, die sie vom vorigen Jahr her kannten.

Der Weg führte an der Ostseite des Truthahnflusses entlang. Den Uferrand mit seinen Baumwollsträuchern und Pappeln ließen die Reisenden an der linken Seite liegen. Sie zogen durch das baumlose Grasland, das sich rechts von ihnen bis in unendliche Fernen dehnte.

»Sieh nur da, Antilopen!« Ikata deutete in die grasige Weite, in der kleine hellbraune ziegenartige Tiere mit kurzen Hörnern dahinjagten.

»Da ist wieder der große Stock«, erinnerte sich Maisquaste und zeigte auf eine mächtige Zypresse, die den Uferwald weit überragte. Vom Himmel klang der helle Schrei der Bussarde. Ganz hoch im Blau trieb, fast ohne Flügelschlag, ein Adler.

Gegen Mittag tauchte ein langes, dunkles Band auf, das die Grasebene von links nach rechts durchschnitt. Es war der Uferwald des Niobarastroms.

»Wie hoch mag das Wasser reichen? Ob es unseren Ponys wohl über den Kopf geht«, wollte Maisquaste wissen.

Ikata war zuversichtlich. »Weißt du, ich schließe mich einfach an unsere großen Pferde an. Ich sehe dann, wie tief sie ins Wasser waten müssen. Geht es ihnen bis zum Bauch, reicht es mir bis zum Sattel. Dann ziehe ich meine Beine hoch. Kommt es noch schlimmer, dann schwimmen wir alle: Weißfleck, mein Hund und ich selbst natürlich auch.«

Tatsächlich führte der Niobara viel Wasser. Er kam aus den hohen Gebirgen im Westen, wo die Sommersonne gerade jetzt eine Menge Schnee schmolz. Vorsichtig suchte die Stute der Mutter ihren Weg. Die trüb schlammige Flut klatschte bis halb hinauf zum Sattel. Die anderen Tiere schritten bedächtig hinterher. Die Lasten auf den Packdeckeln wurden vorher abgeladen und hoch auf den Sätteln verschnürt. Dreimal mußten die Pferde durch das Wasser, bis alles trocken auf der anderen Seite lag.
Als die Tante zum letztenmal hinüberritt, hielt Ikata auf Weißfleck immer noch am Ufer. »Nur keine Angst«, ermunterte sie die Nichte.
»Soll ich die Beine hochziehen«, fragte Ikata.
»Nein, besser nicht. Du verlierst sonst den Halt. Das Wasser reicht auf jeden Fall über deinen Sattel. Weißfleck wird gerade noch den Kopf oben behalten.«
Etwas bänglich schloß sich Ikata der Tante an. Auf dem großen Pferd hinter der Mutter hatte das alles viel einfacher ausgesehen. Nun mußte sie zum erstenmal allein durch die Furt. Zögernd watete ihr Pony in die Strömung. Langsam setzte es seine Hufe, es tastete vorsichtig den Untergrund ab. Das Wasser stieg wirklich über den Sattel. Weißfleck mußte schließlich seine Nüstern hochhalten, um Luft zu bekommen. Endlich ging es wieder aufwärts, und bald hielt Ikata sicher auf dem anderen Ufer, naß bis zum Leib.
Aber das machte nichts, denn die Sonne lachte vom Himmel. Über Prärie und Flußtal sah man die Hitzeschwaden auf und ab tanzen. Da erfrischte und kühlte ein Bad in der Furt, auch wenn das Wasser lauwarm an den Beinen hochklatschte.

Nun kam Maisquaste mit ihrer Familie, und da nahte auch quietschend und knarrend der Wagen.
»Wie wollen die denn das rollende Haus herüberschaffen«, fragte Ikata die Tante. Aufhellender Himmel zuckte die Achseln. »Wahrscheinlich geht es gar nicht. Die Furt ist viel zu tief für dieses merkwürdige Ding.«
Aber siehe! Die Igelleute wußten sich zu helfen. Sie packten ihren Wagen ab und nahmen ihn ganz auseinander. Dann zogen sie mit einem langen Seil zuerst die vier Räder über den Fluß, eines nach dem anderen. Danach flößten sie den Wagenkasten hinüber, schließlich noch die Deichsel. Endlich schafften sie auch die Ladung durch die Furt: die schweren Pakete auf Pferden, die leichten auf ihren eigenen Köpfen.
Auf dieser Seite setzten sie das Gefährt wieder zusammen und luden die Gepäckstücke auf. Sie schirrten die Pferde an, und Igel kletterte auf den Bock. Er sah sich vorsichtig um, konnte aber den zornigen Mann vom Morgen nicht entdecken. Lustig knallte er mit seiner Peitsche. Dazu pfiff und sang er ein Liedchen, das Ikata ganz unbekannt war. Vielleicht gehörte es zu dem Wagen, und Igel hatte es von Onkel Weißbart gelernt:

Vorwärts Pferdchen, zieh!
Im Dreck bis an die Knie!
Sonst laß ich meine Peitsche knallen,
Dann wirst du wohl in Trab verfallen.
Vorwärts Pferdchen, zieh!

Ikata mußte lachen. Da kannte die Mutter doch andere Lieder.
Als sie auf dem Platz »Viele Süßkartoffeln« eintrafen, wartete die Mutter schon ungeduldig. »Wo bleibt ihr

denn so lange? Allein kann ich das Zelt doch nicht aufstellen!«

Die Zeltstangen lagen schon bereit. Schuldbewußt griffen die beiden Bummlerinnen zu. Zu dritt richteten sie den Bock auf: drei oben mit einem Lederriemen verbundene Stangen. Die übrigen Stangen wurden in gleichmäßigen Abständen gegen den Bock gelehnt.

Dann zogen die Frauen die schwere Lederdecke über das Gerüst. Das Leder rutschte fast von selbst an den glatten Stäben hoch. Ikata mußte sich auf die Schultern der Tante stellen und die oberen Schlaufen verknüpfen. So fiel die Decke nicht mehr herunter.

Als das Tipi stand, begannen die kleineren Arbeiten. Doch es mußte nicht nur Wasser und Holz geholt werden, die größte Sorge blieb Weißfleck. Schnitt Igel in der Dunkelheit den Riemen durch, mit dem die Vorderbeine zusammengekoppelt waren, konnte das Pony weit fortlaufen.

Ständig rannte Ikata zu der Pferdeherde, um nach ihrem Pony zu sehen. Am Abend bat sie die Hütejungen, doch ja auf ihr schwarzes Pferd zu achten. Die Jungen beruhigten sie: »Hier schleicht sich niemand ein, der nicht hierher gehört! Du brauchst dir keine Sorgen zu machen!«

Unruhig setzte sich das Mädchen zum Nachtessen nieder. Der Duft von Maispudding zog durch das Zelt. Es schmeckte wie immer. Aber auf einmal verschwamm alles vor Ikatas Augen: die schwarzen Schatten an der Zeltwand, die murmelnden Stimmen der Eltern, das ferne Geheul der Präriewölfe. Sogar das tiefe Grollen Wassers, der den Wölfen antwortete. Im Sitzen schlief Ikata ein.

Der Vater trug seine übermüdete Tochter auf ihr Schlaffell. Die Mutter zog ihr Mokassins, Gamaschen und Lederkleid aus. Ikata schlief längst unter ihrer Wolldecke, als der Dorfausrufer verkündete: »Hört, hört, hört! Morgen bleiben wir auf diesem Platz! Übermorgen ziehen wir weiter!«

Warum das Rauchsignal vergessen wurde

»Feuer ist an!« Der gewohnte Gruß weckte Ikata. Aber die Stimme des Vaters blieb das einzige Bekannte und Gewohnte. Wo waren nur die Pfähle, die das Dach stützten? Was schlug da dauernd, als klatschte Leder auf Leder?

Dann überfiel sie die Wirklichkeit: der Ritt am Truthahnfluß entlang, die Furt im Niobara, die ungeduldige Mutter mit dem Zelt! Unter dem Rand der Plane neben ihrem Schlaffell schob sich eine schwarze haarige Schnauze hindurch und schnüffelte an ihrer Hand. Das war Wasser, der sie wecken wollte. »Ja, ja, ich komme schon«, flüsterte sie. Sie streifte ihr Kleid über und rollte Decke und Büffelfell zusammen.

»Du hast aber geschlafen wie ein Präriehund im Winterlager«, begrüßte sie der Vater. »Stell doch mal die Rauchklappe fest, die ständig hin und her schlägt.«

Ikata schob den Türschlitz auseinander und schlüpfte hinaus. Etwa zwanzig Tipis standen im Kreis verteilt in dem zertrampelten Gras. Blaue Rauchfahnen kräuselten sich aus den verräucherten Spitzen und duckten sich sogleich im Morgenwind. Am elterlichen Zelt flappte die rechte Rauchklappe wie ein losgelassenes Segel. Zwei dreieckige Lederstücke waren oben an der Spitze angenäht und wurden mit einer Stange hochgestellt. So konnte der Wind den Rauch nicht ins Zelt drücken. Rechts hatte sich die Stange gelockert und war schließlich heruntergefallen. Mühsam dirigierte Ikata das lange glatte Holz. Als Maisquaste zu Hilfe kam, gelang es ihr schließlich, mit der Stangenspitze das hin und her schlagende Leder straff zu spannen.

»So, das wäre in Ordnung«, meinte die Freundin. »Was machen wir heute? Es ist ja Ruhetag!«

»Heute früh müssen wir Süßkartoffeln ausgraben. Das weiß ich bestimmt. Aber am Nachmittag wird wohl nichts zu tun sein für uns.«

»Weißt du was? Wir reiten dann ein Stück in die Prärie hinaus!«

Ikata strahlte vor Begeisterung. »Dir fällt doch immer das beste ein. Im vergangenen Jahr ging das nicht. Aber jetzt, mit unseren eigenen Ponys können wir bis an den Rand der Welt reiten.«

»Ob es wohl unsere Väter erlauben?« Maisquaste machte ein bedenkliches Gesicht. Aber siehe da! Die Väter hatten nichts einzuwenden.

»Reitet nur nicht zu weit und haltet euch immer in Sichtweite des Baches! Verirrt ihr euch, dann haben wir keine Zeit, euch zu suchen!«

Mit dem Bach war der Sonnenfischbach gemeint. Er besaß eigentlich gar keinen Namen und wurde nur von den Kindern so genannt. Er floß dicht am Lager vorbei und mündete gleich danach in den Niobara. Aus dem Bach holten die Leute ihr Wasser und in ihm badeten die Kinder. Auch angelten die Jungen nach Sonnenfischen. Sie versenkten lange Schnüre mit Haken in den Bach, beködert mit Brocken Maisbrot. Wurde ein spannenlanges Fischchen hochgezogen, erhob sich gewaltiger Jubel. Wenn das Dorf hier lagerte, strebten die Jungen sogleich zum Angeln. Selbst der kleine Otter war dieses Mal nicht zu halten. Er mußte die Beute bewachen, die zwischen frischen Blättern eingepackt auf dem Boden lag. Da saß er nun im Gras und tupfte mit seinem Finger auf die silbrigen Schuppen. Den ganzen Tag hindurch stank er nach Fisch.

Inzwischen mußten die Mädchen Süßkartoffeln suchen und mit einem spitzen Stock ausgraben. Die dicken, braunen Knollen wuchsen wild und schmeckten am besten in Bärenfett gestippt. Als die Freundinnen ihre Körbe ablieferten, war noch Brennholz zu holen. Auch fehlte Trinkwasser.

»Hoffentlich fällt meiner Mutter nicht noch mehr ein«, seufzte Maisquaste.

»Nein, jetzt ist Schluß«, meinte Ikata. »Meine Tante kocht schon Kaffee. Danach wird nichts mehr getan!«

Aber so genau konnte man das nicht wissen. Unauffällig holten die Mädchen Zaumzeug und Sättel, die neben den elterlichen Tipis aufgestapelt lagen. Niemand achtete auf sie in der Unruhe des ständig aufgestörten Lagerplatzes. Immer noch trafen Familien ein, die gestern nicht fertig geworden waren und sich erst heute früh auf den Weg gemacht hatten.

Mittag war schon vorbei, als die Freundinnen aufbrachen. Die Prärie schlief unter der brütenden Hitze. Kein Grashalm und kein Blatt rührte sich. Nicht einmal der Schrei eines Falken hoch unter dem Himmel war zu hören. Über den Grasschwaden flimmerte die Luft. Die Pferde schlichen mit gesenkten Köpfen dahin. Auch den Reiterinnen wurde die Hitze zu viel.

»Das ist ja nicht zum aushalten«, stöhnte Maisquaste.

»Weißfleck und Scheck lägen auch lieber im Schatten!«

Ikata zeigte auf ein Wäldchen, das wie ein blauer Fleck in der Prärie waberte. Solche Haine kamen überall vor, wo die Wurzeln das Grundwasser erreichten, nicht nur an den Flußufern. »Wir reiten dorthin und ruhen uns im Schatten aus!«

Das Wäldchen schien so nah und rückte doch nur langsam herbei. Endlich waren die Mädchen am Ziel. Die Ponys hatten zuletzt einen schnelleren Schritt angeschlagen und immer lebhafter geschnuppert. Jetzt sahen die Reiterinnen auch, was die Tiere gewittert hatten. Vor ihnen, am Waldrand, dunkelte im Schatten ein klarer, grüner Tümpel. Sie mußten noch im Reiten abspringen und die Zäume abnehmen, so schnell drängten die Ponys zum Wasser. Dann tranken sich alle satt.

Die Mädchen banden den Tieren die Vorderbeine mit einem Riemen zusammen. So liefen sie nicht fort, sondern hüpften nur ein wenig herum. Itaka und Maisquaste legten sich in den Schatten, halb betäubt von der Hitze. Aus dem Schlafen wurde allerdings nichts, denn der Waldrand schien Schwärme von Mücken und Stechfliegen zu beherbergen. Ständig summte eine Wolke dieser Blutsauger über den Ruhenden. Alles Schlagen und Wedeln half nichts.

Schließlich stand Ikata auf. »Komm, wir laufen ein Stückchen am Waldrand entlang. Vielleicht finden wir Moosbeeren. Hier fressen uns die Mücken auf.«

Bevor sie sich zum Gehen wandten, warfen sie noch einen Blick auf die Pferde. Auch die Ponys hatten sich im Schatten niedergelegt und alle viere von sich gestreckt. Nur die langen Schwänze peitschten unermüdlich die Flanken.

Langsam schritten die Mädchen dahin. Sie suchten ihren Weg im Wald, wo einen schwachen Steinwurf vom Rand entfernt ein Pfad dahinlief, den Elk und Büffel gebrochen hatten. Hier konnte man durch das dornige Unterholz dahinschlendern, ohne daß Rosen, Stachelbeeren und Kletten die Kleider zerrissen. Zur Seite öffnete sich zwischen Stämmen und Gebüsch mitunter ein Ausblick in die sonnenflimmernde Weite.
Im Wald war es kühler als draußen auf der Prärie. Hier und da leuchteten rote Beeren. Sie schmeckten säuerlich, erfrischten aber. Die Mädchen sprachen kaum ein Wort miteinander. Wie alle Indianerkinder waren sie erzogen, sich ruhig zu verhalten und lautes Tun zu vermeiden. Und die Hitze, die ihren heißen Atem in das Unterholz hauchte, regte auch nicht gerade zum Reden an. Die Bäume standen ganz still. Kein Zweig regte sich. Der Wind, der jeden Morgen über die Prärie fuhr, hatte sich längst schlafen gelegt.
Plötzlich fuhr Ikata zusammen. Sie packte Maisquastes Arm und flüsterte: »Sei still, da ist jemand!«
Wie angewurzelt blieben die Mädchen stehen und starrten durch den Waldrand hinaus in das Grasland.
Etwa fünfzig Schritt vor ihnen brannte ein Feuer. Es war halb zugedeckt mit frischen grünen Zweigen und qualmte. Zwei Männer rissen ringsherum die Grasbüschel aus, damit sich die Flammen nicht weiter fraßen. Die lautlos arbeitenden Gestalten, das geräuschlose Feuer und der still aufsteigende Rauch hatten etwas Unwirkliches – als stünde ein Traumbild dort draußen in der Mittagsglut.
»Was machen die da«, wisperte Maisquaste. Ikata brauchte nicht zu antworten, denn jetzt sah die Freun-

din selbst, was die fremden Männer taten. Sie hielten eine schmale Lederdecke über das qualmende Feuer, so daß sich der Rauch in zwei Säulen teilte.
Nach einiger Zeit legten sie die Decke beiseite und griffen nach einer großen Plane, die mindestens aus vier Büffelfellen bestand. Auch diese hielten sie über das Feuer. Aber nun wirbelte der Qualm nicht mehr zum Himmel, sondern sammelte sich unter der Riesendecke zu einer dichten Wolke. Auf einmal zogen die Männer das Hindernis fort. Ein großer Rauchball schoß in die Höhe wie eine drohende Faust. Gleich danach stauten sie wieder den Qualm mit der großen Decke, um sie bald wieder wegzuziehen. Erneut stieg das dunkle Signal in die Höhe. So ging es fort. Immer wieder erhoben sich die schwarzen Klumpen wie ferne, winkende Zeichen, ganz gleichmäßig.
Die Mädchen rührten sich nicht. Auf einmal zuckte Ikata wie von einer Biene gestochen zusammen. Erst in diesem Augenblick fiel ihr die Kleidung der Männer auf. An Gamaschen und Ärmeln trugen sie Fransen, lange schwarze Fransen! Solche Fransen kannte sie. Die hatte sie schon im Traum gesehen, als die fremden Diebe Weißfleck stehlen wollten! Was hatte der Vater gesagt, als sie den Traum erzählte: »Das waren Sioux, keine Comanchen und keine Osagen!«
Sie neigte den Kopf und hauchte in Maisquastes Ohr: »Wir müssen fort! Das sind Sioux!« Leise drehten sich die Mädchen um. Geduckt schlichen sie auf dem Pfad zurück. Sie vermieden jeden trockenen Zweig und atmeten auf, als eine weit vorspringende Waldecke sich zwischen sie und die rätselhaften Männer schob. Endlich kamen die Pferde in Sicht. Die Ponys grasten

friedlich neben dem Wassertümpel. Ein Stein fiel den Freundinnen vom Herzen. Bis jetzt hatten die Fremden wohl nichts gemerkt, weder von den Ponys noch von den beiden Lauscherinnen.

Weißfleck und Scheck wunderten sich gewaltig, als ihnen hastig die Riemen abgenommen und das Zaumzeug übergestreift wurde. Schläge feuerten sie zur schnellsten Gangart an. Einigemal blickten sich die Reiterinnen um. »Ich sehe nichts, es kommt niemand hinter uns her«, sagte Ikata.

Maisquaste kniff die Augen zusammen. »Sonderbar, auch der Rauch ist weg! Den müßten wir doch von hier aus sehen!«

Sie ließen die Tiere in Trab fallen und spähten noch einmal zum Wäldchen. Nicht der dünnste Rauchfaden stieg über die Wipfel empor. Es war wirklich, als hätten sie alles geträumt. Ob ihnen die Hitze etwas vorgegaukelt hatte?

Trotzdem hätten die Mädchen ihr Erlebnis zu Hause erzählt, wäre nicht die Peitsche des Igels gewesen. Schon von weitem spürten sie, daß eine gewisse Unruhe über dem Lager hing, eine Mischung aus Hundegebell, Kindergeschrei und ungewohnt lautem Reden. Diese Bewegung stammte nicht nur von den letzten Familien, die jetzt nach und nach im Lager eintrafen. Nein, das Gebrause hatte Igel verursacht, obwohl er dieses Mal eigentlich unschuldig war. Die Kinder sprachen alle aufgeregt durcheinander, aber schließlich erfuhren Ikata und Maiquaste doch so ungefähr, was los war.

Ein paar größere Jungen hatten Igel gedrängt, ihnen auch die Kunst des Peitschenknallens beizubringen. Sie fertigten sich aus langen Riemen wunderbare Peitschen

und fingen nun am Sonnenfischbach, abseits des Lagers, ein mächtiges Knallen und Schallen an. Besonders das kurze tiefe Bumm wurde geübt. Igel nannte es den Gewehrknall.
Die anderen Jungen, die fischen wollten, beklagten sich. »Hört auf oder geht woanders hin! Euer Lärm vertreibt uns die Fische!« Ein Wort gab das andere, und bald prügelten sich die beiden Parteien. Auch die Kleinsten kämpften mit und schlugen mit Stöcken aufeinander los. Schließlich liefen die Erwachsenen herbei und trennten die Streithähne. Es hatte Beulen gegeben. Selbst das Brüderchen hatte breite rote Striemen an seinen Beinen. Nun lag es wimmernd auf seinem Fell, mit einem nassen Lappen auf der schmerzenden Stelle.
Die Mutter und Tante Aufhellender Himmel schalten aufgeregt. »Wo hat es das denn früher gegeben, daß die Kinder solchen Lärm machen? Das kommt nur von dem neuen Zeug, das die Händler herbeischleppen. Erst der Wagen, dann die Peitsche! Der dumme Bengel hat eine Tracht Prügel verdient! Er bringt den anderen nur Unsinn bei!«
In all diesem Gerede und Gelärme ging der Gedanke an das Feuer mit den zwei fremden Männern ganz verloren. Ab und zu fiel es Ikata wieder ein, aber es rückte immer ferner. Schließlich kam es ihr wie ein Traum vor, und Träume erzählte man ja auch nicht ungefragt.
So erfuhr der Vater gar nichts von dieser Begegnung, und auch sonst niemand. Nicht einmal die vier Dorfhäuptlinge hörten davon, denen doch sonst alles zu Ohren kam. »Uns haben vorüberfliegende Vögel etwas vorgesungen«, pflegten sie zu sagen, wenn sie eine neue

Nachricht besprachen. Doch dieses Mal sangen keine vorüberfliegenden Vögel, und das war schlecht.
Denn die Dorfhäuptlinge hätten sofort erkannt, daß fremde Späher den Jagdzug des Panidorfes Tag für Tag beobachteten und daß sie ihre Beobachtungen weiter signalisierten. Sie hätten auch die Rauchzeichen deuten können. Die zwei getrennten Rauchsäulen besagten: Sie kommen! Die Rauchballen gaben eine Zahl an: zwanzig Tipis oder vierzig Tipis, je nachdem, wie viele Familien auf dem Jagdzug waren.
Die Häuptlinge hätten auch gewußt, daß nach diesen Signalen auf dem ganzen Weg den Niobara entlang die Sioux auf eine Gelegenheit lauerten, den Pani zu schaden. Irgendwann würde sie kommen – diese Gelegenheit. Vielleicht ließen sich dann Pferde stehlen. Pferde – oder auch etwas anderes.

Das Büffelspiel am Pflaumenbach

In den folgenden Tagen vergaß Itaka die Begegnung mit den beiden Sioux allmählich. Der nächste Morgen war angefüllt mit drängender Arbeit. Sobald die Rauchklappen am Zelt des anführenden Häuptlings frei im Wind hin und her flatterten, begannen die Frauen ihre Zelte niederzulegen und zusammenzupacken. Selbst die kleinsten Kinder mußten dabei helfen. In einer halben Stunde war das Dorf reisefertig.

Dann brach der lange Zug auf, wohl an die zweihundert Pferde und mitten darin der knarrende, quietschende Wagen des Igels. Er gehörte natürlich Igels Vater, dem Häuptling Antrabender Büffel. Aber da man eigentlich nur Igel auf dem Bock sitzen sah, so galt er bei den Kindern als Wagenbesitzer.

Um Mittag herum, als die Sonne senkrecht stand, kam der Lagerplatz in Sicht, der für den heutigen Tag vorgesehen war. Einige vorausgetrabte Reiter hatten ihn bereits mit buschigen Weidenzweigen abgesteckt.

Diese Rastorte entlang dem Niobara, seit Urzeiten dem Dorf vertraut, besaßen ihre eigenen Namen. Von »Viele Süßkartoffeln« ging es zur »Großen Insel«, dann nach »Pflaumenbach«, von »Pflaumenbach« nach »Sandbank«, von »Sandbank« nach »Flache Hügel«, und so immer weiter, bis man nach zwanzig Tagen das Büffelgebiet erreicht hatte. Es lag am Oberlauf des

Flusses. Dort wimmelte es immer noch von Bisons, die am Unterlauf schon selten geworden waren.
Nach Ankunft am Tagesziel erhoben sich mit Blitzeseile die Zelte. Wie mit einem Zauberschlag standen die fünfzig weißen Kegel da. Ebenso schnell brodelten die Töpfe. Wenn gar der Vater unterwegs eine Antilope oder einige Präriehühner geschossen hatte, schmeckte es besonders gut.
Danach durften die Kinder spielen. Es war sonderbar, aber die Spiele standen für die ganze Reise fest. Zu jedem Rastplatz gehörte eine ganz bestimmte Unterhaltung. So wurden bei »Viele Süßkartoffeln« Sonnenfische geangelt, bei der »Großen Insel« schwamm man um die Wette, und am »Pflaumenbach« spielte man Büffeljagd. Die Kinder ahmten nach, wie die Jäger eine Bisonherde umzingelten und erlegten.
Die Mädchen freuten sich schon den ganzen Vormittag auf dieses Büffelspiel. »Dieses Mal«, triumphierte Maisquaste, »sind wir richtige Jäger mit eigenen Pferden. Wir brauchen nicht mehr zu Fuß mitzulaufen wie im vergangenen Jahr!«
Ikata hüpfte fröhlich im Sattel. »Das wird herrlich! Wie viele von uns haben überhaupt ein Pony?« Sie überlegte. »Da ist Geflecktes Hirschkalb, Regenenkel, Zahnloser Biber, Nestfalke, Schlafauge, Langsamer Knabe – lauter Jungen.«
»Vergiß Zweizuviel nicht! Die hat auch ein Pony.«
»Richtig! Dann sind wir drei Mädchen mit Pferden. Die anderen müssen zu Fuß laufen. Nun, wir werden die Büffel schon kriegen.«
Heute ging das Aufstellen der Tipis noch schneller als sonst. Auch das Essen verschwand im Nu. Es blieb

einfach keine Zeit zum Kauen. Die anderen Hausarbeiten flogen nur so von der Hand. Die Mütter waren des Lobes voll: »Wenn ihr nur immer so flink arbeiten würdet!« Doch das Lob ging dieses Mal an den Ohren vorbei. Überall hörten die Eltern die gleichen Fragen: »Ist noch etwas zu tun? Dürfen wir jetzt gehen?«
Endlich war es so weit. Am Ufer des Pflaumenbaches strömten die Kinder zusammen. Die großen ordneten das Gewühl. Ungefähr dreißig kleine sollten die Büffel spielen. Die neun größeren mit eigenen Ponys gehörten natürlich zu den Jägern, und zu den Jägern rechneten auch alle übrigen Kinder. Nur mußten sie zu Fuß laufen und zusehen, wie sie an die bejagte Herde herankamen. Sie mußten sich eben viel mehr anstrengen als bei einer richtigen Jagd, da saßen alle auf Pferden.
Rasch zerstreute sich die Kinderschar. Die Büffel rannten nach Hause, um sich Felle zum Verkleiden zu holen. Sie mußten doch so naturgetreu wie möglich aussehen. Inzwischen schnitten sich die Jäger von den Weiden am Pflaumenbach lange Gerten ab. Sie sollten als Lanzen dienen.
Pfeil und Bogen durften nicht benutzt werden. Die Väter hatten es streng verboten, seitdem einmal einem Büffel in der Hitze der Jagd ein Auge ausgeschossen worden war. Es ging aber auch ebenso gut mit den Lanzen.
Bald waren alle Jäger bewaffnet. Die Reiter schwenkten besonders lange Ruten, die noch über ihre Köpfe hinausragten, wenn sie im Sattel saßen. Da kamen auch schon die ersten Büffel. Sie brachten ihre Schlaffelle angeschleppt. Manche sahen wenig natürlich aus. Sie

zeigten vom vielen Gebrauch kahle Stellen, so als hätte der Büffel Haarausfall gehabt. Aber das kümmerte niemand. Die Felle wurden über Rücken und Kopf gezogen, das Haarkleid nach außen. Dann ließen sich die Büffel auf alle viere nieder, brüllten und brummten, wie eben Büffel tun. Einige warfen mit den Händen Sand auf. Das taten die richtigen Tiere mit den Hörnern, aber an den Schlaffellen saßen leider keine Hörner.

Doch! Da kam einer, der hatte einen vollständigen Büffelkopf an seinem Fell. Es war Igel. Die Kopfhaut war mit Stäbchen so künstlich versteift, daß man sie richtig aufsetzen konnte wie eine Maske. Durch die Augenhöhlen sah man nach draußen.

Die Kinder umringten Igel mit Jubelgeschrei. »Wo hast du denn das her? Du siehst ja aus wie ein richtiger Büffel! Du mußt unser Leitbüffel sein!«

Igel fühlte sich sehr geschmeichelt. Er setzte das Büffelhaupt ein paarmal auf und ab und wackelte mit den Hörnern. »Pah«, meinte er, »das Fell habe ich von unserem Wagen!«

Der Wagen schien unerschöpflich zu sein, so ähnlich wie der wunderbare Garten im Westen. In Wirklichkeit hatte der Igel die Maske heimlich an sich genommen. Sie diente seiner Familie bei Büffeltänzen. Er hätte sie niemals bekommen, wäre er erst zu seinem Vater gegangen, um dessen Erlaubnis einzuholen. Doch in dem Durcheinander, das der ungewohnte Wagen mit sich brachte, achtete man in der Igelfamilie nicht mehr so genau auf das Gepäck.

Aber wer fragte schon, wie der struppige Junge an das herrliche Fell gekommen war? Ganz selbstverständlich setzte sich Igel an die Spitze der Büffel. Die Herde galoppierte ein Stück in die Prärie hinein, bis sie hinter einer Bodenwelle verschwand. Dort ließ sie sich auf Hände und Füße nieder, brummte dumpf und weidete bald hier, bald dort.

Die Jäger schickten Späher aus. »Reitet nach Westen und versucht eine passende Herde zu entdecken. Sie muß gerade so groß sein, daß auf jeden Jäger zwei Felle kommen!«

Sobald sie die Büffel gefunden hatten, meldeten sie dem anführenden Häuptling Geflecktes Hirschkalb: »Wir haben gegen Sonnenuntergang eine Herde von dreißig Stück entdeckt!«

Hirschkalb tat ganz großartig: »Dreißig Stück? Was ist das für so viele? Aber ihr findet eher die Quelle des Niobara als eine richtige Herde!« Dann wandte er sich an den neben ihm haltenden Unterhäuptling und sagte zu ihm im Ton eines uralten, erfahrenen Jägers: »Die Späher werden immer dümmer! Als wir noch zwanzig Winter zählten, war das alles besser. Nun müssen wir mit dreißig Stück zufrieden sein!«

Die Jäger machten sich auf den Weg. Nicht im Galopp, sondern langsam im Schritt, um die Büffel nicht zu erschrecken und zu verscheuchen. Zuerst kamen die Späher als Wegweiser. Dann folgte der anführende Häuptling mit den drei Unterhäuptlingen, alle zu Pferd. Ihnen schlossen sich die fünf übrigen Reiter an, darunter auch Ikata und Maisquaste. Am Schluß drängten sich die Fußgänger, ein wahrer Wald von wedelnden Lanzenruten.

Dreimal hielten sie an, wie es die richtigen Jäger auch taten, um das Jagdfieber zu dämpfen. Jedesmal stiegen die Häuptlinge ab, setzten sich auf den Boden und rauchten. Ihre Pfeife war ein hohler Holunderzweig mit einem alten tönernen Pfeifenkopf, den jemand fortgeworfen hatte, weil er Risse hatte. Darin glimmten getrocknete und zerkrümelte Weidenblätter, die einen gräßlichen Geruch verbreiteten.

Jeder Häuptling tat sechs Züge aus der Pfeife: je einen nach Osten, Süden, Westen und Norden, einen nach unten zur Erde und einen nach oben zum Himmel. Dabei fingen sie an zu husten. Meist mußten sie auch noch spucken. Gefleckte Hirschkalb sah zuletzt ganz käsig aus. Es war eben nicht einfach, Jagdhäuptling zu sein und dabei großartige Reden zu führen. Beim vierten Halt hatten sie endlich die Büffel vor sich.

Nun teilte Hirschkalb seine Jäger in zwei Abteilungen, mit leiser Stimme, damit die Herde nichts merkte. »Vier Reiter traben rechts um die Büffel herum und fünf links. Von den Kaninchen läuft ebenso eine Hälfte rechts, die andere links, immer den Reitern nach.« Mit den Kaninchen meinte er die Fußgänger.

Inzwischen waren die Büffel aufgestanden. Die meisten hatten sich bis dahin ganz behaglich im Gras gewälzt. Nun weideten sie wieder auf allen vieren, brummten und brüllten. Allmählich schoben sie sich zu einem dichten Pulk zusammen, aus dem die Hörner des Igels emporragten.

Jetzt hob Rehkalb die Hand und rief: »Kukats! Drauf denn!« Im Galopp stoben die Reiter los und umkreisten die Herde. Sie mußten mit dem eigentlichen Angriff warten, bis die Kaninchen atemlos angekeucht kamen. Aber dann waren die Büffel verloren. Von allen Seiten wurden sie mit Lanzen angegriffen. Die

Kleinen schlugen mit ihren Weidenstöcken einfach auf das Wild los. »Ihr seid ja gar keine Jäger«, wehrten sich die Angegriffenen. »Mit Lanzen muß man doch stechen!«
Doch auch die Büffel machten manches verkehrt. Wieso konnte sich ein Büffel einfach auf die Hinterbeine stellen und mit den Händen den Jägern die Lanzen wegreißen? Welcher Büffel tat so etwas? Sie durften sich nur mit den Hörnern wehren, das heißt mit den Händen Sand aufwühlen und werfen. Und wann mußte ein Büffel tot umfallen? Nach den Spielregeln eigentlich beim dritten Lanzenstich. Aber immer beteuerte so ein längst toter Büffel: »Ich habe gar nichts gespürt und bin noch lebendig!«
Das konnte allerdings wahr sein, denn das Fell mit der dicken Wolle schützte natürlich vor Hieben und Stichen. So kam es, daß längst erlegte und tote Tiere immer noch mit Sand warfen.
Besonders Igel tat sich dabei hervor. Sein mächtiger Büffelkopf schwankte immer noch über den kämpfenden Scharen. Jetzt ritt Ikata gegen ihn an. Aber der sonst so folgsame Weißfleck gehorchte dieses Mal nicht. Er scheute und bockte. Noch nie hatte er einen Büffel so nahe gesehen!
Igel merkte, daß er im Vorteil war. Er schnarchte, grunzte und brüllte. Als er nun gar mit gesenktem Kopf fürchterlich auf die Reiterin eindrang, war es mit Weißflecks Fassung vorbei. Er galoppierte wie besessen davon. Erst weit abseits der Jagd, wo kein Büffel mehr zu sehen war, fiel er in Trab. In großem Bogen lenkte Ikata ihn zurück.
Als sie wieder zu den Jägern stieß, war der Kampf

vorbei. Igel grinste. Hirschkalb meinte herablassend: »Ein guter Jäger wirst du wohl nie werden! Es kann ja immer mal vorkommen, daß ein Büffel nicht wegläuft, sondern angreift. Dann muß das Pferd stehen! Dein Pony ist nicht büffelsicher!«

Nun redete auch noch Igel dazwischen. »Nie wirst du einen Coup gewinnen! Hast ein eigenes Pferd und noch nicht den kleinsten Coup!«

Ikata ärgerte sich. Mit Igel zu streiten, hatte keinen Zweck. Der stichelte jetzt noch tagelang mit seinem Coup, das wußte sie schon. Am besten wäre hier eine zweite Ohrfeige. Doch das hochtrabende Gerede von Hirschkalb empörte sie. Büffelsicher hatte er gesagt. »Mein Weißfleck ist eben noch nicht eingewöhnt! Er erschrickt bei allem, was er nicht kennt. Schlagen darf ich ihn schon gar nicht. Und woher soll er einen Büffel kennen? Es ist ja der erste Jagdzug, den er mitmacht!«

»Nun, nun«, begütigte Hirschkalb. »Im nächsten Sommer wird er sich seine Mucken abgewöhnt haben!«

Verstimmt ritt Ikata nach Hause. Nicht einmal Maisquaste konnte sie auf andere Gedanken bringen. Heute hatte ihr das Büffelspiel nicht so gut gefallen, trotz des eigenen Ponys.

Was bei den »Flachen Hügeln« geschah

Kurz bevor das Dorf den Lagerplatz »Flache Hügel« erreichte, also am zweiten Tag nach dem Büffelspiel, geriet es in einen Gewittersturm. Obwohl sich die Leute die Lederdecken über den Kopf zogen, wurden alle bis auf die Haut naß.

Am Abend verkündete der Ausrufer: »Hört, hört, hört, ihr Leute des Himmelsdorfes der Pani! Die Häuptlinge haben beschlossen, morgen einen Ruhetag einzulegen. Morgen bleiben wir hier in ›Flache Hügel‹. Jeder trockne seine Sachen. Übermorgen ziehen wir weiter nach ›Biegung im Tiefland‹.«

Die Jäger benutzten den Rasttag, eine kleine Büffelherde von zwölf Stück einzukreisen und zu erlegen. Damit konnte man die Fleischvorräte ergänzen. Am frühen Morgen brachen die Männer auf. Noch vor Mittag erschien ein Bote und meldete, die Jäger hätten Erfolg gehabt. »Die Einringung fand statt bei der ›Steinernen Frau‹. Schickt die Packpferde, um Fleisch und Felle ins Lager zu bringen.«

In aller Eile wurden die Pferde zusammengejagt. Die größeren Jungen mußten die Tiere zur Steinernen Frau treiben. Auch Ikata ritt auf Weißfleck mit, um dem Vater die braune Stute und den grauen Wallach zuzuführen. Viel Zeit blieb nicht, um bis zum Einbruch der Dunkelheit wenigstens die besten Stücke zu holen.

Den Weg zur Steinernen Frau kannte jeder. Es war ein großer Granitblock, der menschliche Formen besaß. In längst vergangenen Zeiten sollte dort eine Frau mit ihrem Hund in Fels verwandelt worden sein. Man sah auch noch den Hund hinter ihr als kleineren Block.
Die meisten Pferde waren schon unterwegs, als Ikata endlich fertig wurde und die beiden langen Zügel in die Hand nahm. »Eil dich, meine Tochter«, mahnte die Mutter. »Der Vater wartet.«
Ikata trabte mit Weißfleck und den beiden Packpferden los. Ihr folgte nur noch Igel. Er saß auf einem großen, hohen Schimmel und führte ein zweites Pferd am Zügel. Seine unvermeidliche Peitsche hielt er in der Hand.
Das Mädchen beachtete ihn nicht. Ihr waren die Richtung und der Weg wichtiger. Zuerst ging es schnurstracks auf einen flachen Berg im Nordnordosten zu. Die Prärie hob und senkte sich in langen Wellen. Das Lager mit seinen spitzen weißen Zelten verschwand bald hinter den Reitern. Bei den Büffelschädeln, einer Anhäufung weiß gebleichter Bisonknochen, bog man nach rechts ab in Richtung auf ein Wäldchen, das schon von weitem zu sehen war. Hinter diesem Wäldchen stand die Steinerne Frau.
Die Grasebene lag wieder unter flimmerndem Glast. Der gestrige Regen war längst aufgesogen, seine Erfrischung verflogen. In der brütenden Stille war nichts zu hören als das Dröhnen der Hufe. Ikata erschrak, als plötzlich ein knallender Schlag das Getrappel durchbrach. Igel übte wieder mit seiner Peitsche. Klatsch – klatsch – knall! Klatsch – klatsch – knall! Weißfleck wurde unruhig, die Packpferde zerrten an den Zügeln.

Das Mädchen drehte sich um. »Laß das! Meine Stute und der Wallach werden scheu.«
Es war, als hörte Igel nichts. Sein Knallen wurde noch lauter. Ikata geriet in Zorn. Was aber wollte sie machen? Absteigen? Am besten blieb sie hinter dem Bengel zurück. Sie preßte ihre Schenkel zusammen und bremste das Pony, um Igel vorbei zu lassen.
Da sauste ein schwerer Schlag auf Weißflecks Hinterteil. Das Pony stieg hoch. Ikata konnte sich mit Mühe auf seinem Rücken halten. Ein zweiter Schlag zischte um die Hinterbeine. Was Igel sonst noch vollführte, sah die Reiterin nicht mehr. Vielleicht langte es zu einem dritten Schlag.
Weißfleck brach aus und stürmte davon. Ikata verlor die Herrschaft über ihr Pferd. Sie ließ die langen Zügel von Stute und Wallach los. Zum Glück blieb sie oben. Aber sie mußte das scheu gewordene und vor Schmerz halb blinde Tier rasen lassen. Der Boden flog unter ihr dahin. Sie schoß an Gras, Steinen, Büschen vorbei, in einer ganz falschen Richtung! Wie lange das so ging, wußte sie selbst nicht.

Dunkel merkte sie, daß die beiden Packpferde hinter ihr her galoppierten. Auf einmal trat Weißfleck in das Loch eines Präriehundes. Er überschlug sich, und die Reiterin flog in hohem Bogen ins Gras.
Betäubt blieb sie liegen. Endlich richtete sie sich auf und betastete ihre Glieder. Ihr Kopf dröhnte, ihr Rükken tat weh. Aber sie spürte doch, daß sie nichts gebrochen und nur ihr Lederhemd zerrissen hatte. Mühsah erhob sie sich. Sie vermochte zu stehen, wenn auch die ganze Prärie vor ihren Augen auf und ab tanzte. Plötzlich fanden ihre Blicke einen Halt. Da kamen ja

der Vater und noch ein Mann mit den Packpferden! Wie gut! Sie konnte sich kaum auf den Beinen halten. Ein paar Schritte wankte sie den Herannahenden entgegen. Doch dann riß sie die Augen auf. Das war ja gar nicht der Vater! Der Vater war viel größer, und auch den zweiten Mann hatte sie noch nie gesehen. Diese beiden Männer gab es in ihrem Heimatdorf nicht! Die Pferde kannte sie. Es waren die braune Stute und der graue Wallach, die sie am Zügel geführt hatte. Aber die Männer?

Ihr Herz blieb fast stehen vor Schrecken. Irgendwie kamen ihr die Fremden bekannt vor. Jetzt durchzuckte sie der Blitz der Erinnerung. An Gamaschen und Ärmeln wehten schwarze Fransen. So sahen auch die Männer am Waldrand aus, vor fünf Tagen! Das qualmende Feuer, die hin- und hergezogene Lederdecke, die Rauchballen!

Vor ihren Augen verschwamm alles. Sie vernahm wildfremde Worte und fühlte sich auf ein Pferd gehoben. Einer der Männer saß hinter ihr auf, und die Tiere trabten an.

So sehr auch ihr Kopf brummte und schmerzte, Ikata erkannte, daß sie auf der braunen Stute saß und daß die beiden Sioux geradewegs nach Norden ritten. Offenbar hatten sie seit Tagen auf eine Gelegenheit gelauert und sich sofort auf sie gestürzt, als sie mit ihren Pferden ziellos durch die Prärie raste.

Unaufhörlich zog das grasige Land vorbei: eintönige, weite Bodenwellen, selten einmal von einem kleinen Hain unterbrochen. Weiter und weiter blieb hinter ihr der Niobara zurück, das Lager, das elterliche Zelt, Vater, Mutter . . .

Wann würden die Eltern ihr Fehlen entdecken? Igel hielt den Mund, das wußte sie. Er hätte sich ja selbst in Verdacht gebracht. Aber dem Vater mußte doch auffallen, daß sie mit den Packpferden ausblieb. Machten sich ihre Leute gleich an die Verfolgung, dann konnten sie noch vor dem Sinken der Sonne den beiden Räubern auf den Fersen sein.
Allein es ereignete sich gar nichts. Es blieb bis zum Abend alles gleich: das Getrappel der Hufe, die gelbbraune Prärie, die stummen Männer, die Sonne, die allmählich zum Horizont sank. Kurz bevor das Licht hinter den Weltrand fiel, drehten die Sioux nach links ab, auf ein Wäldchen zu. An seiner Nordseite saßen sie ab, versorgten die Pferde und richteten sich für die Nacht ein. Sie zündeten kein Feuer an und verteilten nur eine Handvoll Pemmikan mit Maisbrot. Ikata erhielt genausoviel, wie ihre Begleiter selbst aßen.
Anschließend bekam das Mädchen einen langen Lederriemen um den Leib und mußte sich hinlegen. Einer der Männer wickelte sich das andere Ende des Riemens um die Hand. Dann legten sie sich auch ins Gras. Fast schlagartig wurde es dunkel, als die Sonne verschwand.
Ikata überlegte, so gut es ihr schmerzender Kopf erlaubte. In dieser Nacht mußte sie fliehen, je eher, desto besser. Wer wußte, wohin der Weg der Räuber führte? Den Riemen, an dem sie gefesselt war, konnte sie mit einem scharfen Messer zerschneiden. Ach, sie hatte ja kein Messer bei sich. Dann mußte sie eben die Schlaufe mit der Hand aufknoten und genauso die Pferde von ihren Koppelungen befreien. Die Tiere kannten sie ja. Und danach . . . Ein langgezogenes Heulen unterbrach

ihre Gedanken. Präriewölfe! Nun, saß sie erst auf der Stute, konnten ihr die Wölfe nichts mehr anhaben.
Sie lauschte auf den Atem der Männer, doch sie hörte nichts. Wahrscheinlich schliefen sie noch nicht. Eine ungeheuere Müdigkeit kroch aus der Dunkelheit auf sie zu. Sie wehrte sich. Noch einmal zwang sie sich, den Tag zu überdenken. Der elende Igel! Wo war eigentlich Weißfleck geblieben? Sie zermarterte ihr Gedächtnis. Er konnte doch nicht in die Erde versunken sein? Und ob der Vater ...
Der Schlaf trug sie fort. Die Nacht deckte alles zu: die Prärie, die Bewacher, die Pferde und die Fluchtgedanken. Wilde Traumbilder stiegen auf. Da kamen die beiden Sioux, die Weißfleck stehlen wollten. Nein, sie wollten die braune Stute rauben! Nein, sie selbst sollte geraubt werden! Erst gegen Morgen verschwanden die Nachtgespenster, und der Schlaf des Mädchens wurde ruhiger.
Die Sonne war noch nicht aufgegangen, als die Sioux ihre Gefangene weckten. Sie gaben ihr wieder eine Handvoll Pemmikan. Ikata führte gerade einige Krümel zum Mund, als plötzlich ein Schnüffeln und Hecheln zu hören war. Ein großer Hund lief durch das Gras auf Ikata zu und versuchte an ihr hochzuspringen.
»Wasser, mein Wasser«, schrie das Mädchen überrascht auf und umarmte das schwarze Ungetüm stürmisch. Die beiden Sioux redeten aufgeregt miteinander. Einer packte sein Beil und wollte den Hund totschlagen. Ikata wehrte den Hieb ab. Ob ihn nun der bittende Blick des Mädchens rührte oder die sichtbare Schwäche des Tieres, das am Ende seiner Kräfte schien, der Mann ließ jedenfalls seine Waffe sinken.

Eilig warf Ikata ihren Pemmikan hin. Wasser verschlang gierig das gute Futter und legte sich dann nieder. Seine Pfoten bluteten. Die Männer drängten zum Aufbruch. Wasser blieb erschöpft zurück. Er leckte sich die Pfoten und blickte den Reitern nach, solange er konnte. Doch das Mädchen wußte nun, daß sie zu Hause nicht vergessen war. Gewiß hatte der Vater den Hund auf ihre Spur gesetzt.
Wieder zog die gelbe und braune Landschaft vorüber. Es war, als sei die Welt unendlich, als habe die Grasebene überhaupt keine Grenze. Ab und zu war ein Flüßchen zu überqueren. Dann huschte für Augenblicke der kühle Schatten von Sumpfeichen, Ahornen und Pappeln über Ikatas erhitztes Gesicht. Beim Durchreiten des Wassers zog sie ihre Mokassins aus, um wenigstens die Füße in die Flut zu tauchen.
Der eintönige Ritt ging nach einer kurzen Mittagspause weiter, aber nicht lange. Ein dunkler Flecken stand auf einmal am Westhimmel. Im Nu verwandelte er sich in eine Wolke, und ebenso schnell wurde die Wolke zu einer schwarzen Wetterwand. Einzelne heftige Windstöße jagten über die Ebene dahin und wirbelten baumhohe Staubsäulen auf. Wenig später verfinsterte das heraufziehende Gewitter den ganzen Himmel.
Im letzten Augenblick erreichten die Reiter den Uferwald eines kleinen Flusses und bargen sich unter den Bäumen, in deren Kronen schon der Sturm zerrte. Die Männer duckten sich unter ihre Lederfelle, und einer warf Ikata eine Decke über. Jetzt setzte das Gewitter mit voller Wucht ein. Die Blitze folgten so schnell aufeinander, daß trotz des schwarzen Himmels die ganze

Gegend taghell erleuchtet war. Die Donnerschläge ließen den Boden erzittern. Ikata sah, wie wahre Kugeln von Regentropfen herunterfielen und das Wasser der Pfützen aufpeitschten.
So rasch wie das Unwetter gekommen war, zog es ab. Die Sonne lachte wieder vom Himmel, als sei nichts gewesen. Nur die weiten Wasserlachen rings auf der Prärie erinnerten an den Wolkenbruch. Die Sioux lenkten die Pferde durch den Fluß, der noch lehmiger und schmutziger dahinstrudelte als sonst.
Zu Ikatas Überraschung machten die Räuber am jenseitigen Ufer an einer leidlich trockenen Stelle halt und rüsteten ein Lager. Sie zündeten ein Feuer an, um die nassen Sachen zu trocknen. Die Sioux mußten sich sicher fühlen. Das Mädchen ahnte nicht, was den Männern seit dem Unwetter klar war: Der Regen hatte ihre Spuren ausgelöscht. Sie hatten keine Verfolger mehr zu fürchten und brauchten nicht mehr zu eilen.
Am dritten Morgen machten die Sioux nach kurzem Ritt Rast, den ganzen Tag hindurch. Ein dumpfer Druck senkte sich auf die Gefangene. Sie merkte, daß die Männer nicht mehr mit Verfolgern rechneten. Ihre letzte Hoffnung auf Rettung zerstob.
Diese lange Pause benutzte Wasser. Am Nachmittag des Ruhetages schleppte er sich ins Lager. Die Sioux lächelten und sagten etwas in ihrer Sprache, das nicht unfreundlich klang. Hätte Ikata die Worte verstanden, wäre sie über das Schicksal ihres Hundes beruhigt gewesen. Sie lauteten nämlich: »Tapferer, kleiner Krieger!« Irgendwie hatte der Hund den Weg nach Norden einhalten können.
Einer der Männer hatte eine Antilope erlegt. So konnte

sich die kleine Gesellschaft eine herzhafte Mahlzeit leisten. Ikata spürte einen nagenden Hunger, und auch Wasser durfte so viel essen, wie er wollte.
Die Gefangene wußte jetzt, daß sie auf sich allein angewiesen war. Sie mußte selbst einen Versuch machen, den Sioux zu entkommen. Zum Glück ließ die Wachsamkeit nach. Am Abend wurde sie zwar wieder mit den Lederriemen gefesselt, aber die Knoten saßen nicht so fest wie sonst.
Das Mädchen, besser ausgeruht als an den vorhergehenden Abenden, wartete mit gespannter Aufmerksamkeit, bis sie die gleichmäßigen Atemzüge des Schlafes vernahm. Vorsichtig zog und knotete sie an ihrer Fessel. Langsam, ganz langsam öffnete sich eine Schlinge nach der anderen. Plötzlich rührte sich einer der Sioux. Sie hielt inne. Aber der Mann drehte sich nur im Schlaf herum, ohne aufzuwachen.
Endlich war sie frei. Leise legte sie das Ende des Riemens beiseite und richtete sich auf. Schritt für Schritt kroch sie davon. Schließlich stand sie auf. Lange lauschte sie – die beiden Sioux hatten nichts gemerkt. Sie schliefen weiter.
Ikata wurde kühner. Im Bogen schlich sie zu der Stelle, wo abseits des Feuers die Sättel lagen. Mit einem Sattel entfernte sie sich so leise wie ein Mäuschen. Sie wußte, die Sioux hatten den beiden Pferden das Zaumzeug nicht abgenommen, jetzt brauchte sie nur ein Tier zu satteln. Das zweite zog sie dann am Zaum hinter sich her. Saß sie erst einmal oben, hatten die Räuber das Spiel verloren. Sie blieben ohne Pferde zurück und konnten sie höchstens einholen, wenn sie sich in Falken verwandelten.

Das Mädchen horchte in die Dunkelheit hinaus. Da klang das Schnauben der Pferde, und da erkannte sie auch die großen Schatten der Tiere. Langsam schlich sie sich heran. Mit Mühe brachte sie nach einigen mißglückten Versuchen den Sattel auf die Stute und verschnürte ihn unter dem Bauch und am Hals. Nun mußten nur noch die Koppelriemen gelöst werden. Das ging leichter, als sie gedacht hatte.
Sie nahm den Zügel des grauen Wallachs und zog ihn zur Stute. Ihr erster Anlauf, auf den hohen Rücken zu kommen, mißlang. Sie rutschte an der Flanke ab. Ehe sie es zum zweitenmal versuchen konnte, schoß ein schwarzer Schatten aus der Dunkelheit auf sie zu. Ein lautes Gebell durchbrach die Nacht. Ikata erstarrte vor Schreck. Sie hatte den Hund vergessen! Ihr halblautes »Ruhe, mein Wasser«, kam zu spät.
Vom Feuer her erklangen aufgeregte Stimmen. Einen Augenblick später stürzten die beiden Sioux herbei. Ein Schwall fremder Worte prasselte auf das Mädchen herunter. Die Männer rissen den Sattel ab und koppelten die Pferde wieder an den Vorderbeinen zusammen. Auch Ikata wurde wieder gefesselt. Aber von jetzt ab wachten die Sioux abwechselnd. An Flucht war nicht mehr zu denken.
Die nächsten Tage vergingen mit kurzen Ritten. Ikata war Wasser nicht böse. Natürlich hatte er gemerkt, was sie vorhatte. Konnte sie ihm sein Freudengebell verdenken? Für sie blieb Wasser ein beständiger Trost. Sie war groß und klug genug, um zu wissen, daß sie einem unbekannten Schicksal entgegentrieb. Wasser war das letzte, was sie mit ihrem heimatlichen Zelt verband: er und die beiden Pferde. Bei jeder Gelegenheit wühlte

sie in dem dicken, schwarzen Fell. Wenn sie vor Tränen nicht mehr sehen konnte, spürte sie in dem Haarpelz ein letztes Stück Zuhause.

Eines Mittags – Ikata wußte selbst nicht am wievielten Tag – tauchten viele weiße Tipis in der Ebene auf. Sie standen am Rand eines Flußwaldes. Die Sioux stimmten ein gellendes Geschrei an. Eine Menge Leute stürzten aus den Zelten und erwiderten das Geschrei ebenso gellend.

Ikata sah braune Gesichter und aufgerissene Münder. Verschiedentlich hielten ihre Begleiter an und erzählten den Umstehenden lange Geschichten, offenbar die Einzelheiten ihrer Gefangennahme. Sie war froh, als sie endgültig vor einem Zelt anhielten und ein Eingangsschlitz hinter ihr zusammenschlug.

Drinnen saßen zwei Frauen, eine ältere und eine jüngere. Sonst sah alles so aus wie zu Hause. Ikata setzte sich auf eine Matte, wie es sich gehörte. Die beiden Männer begannen mit den Weibern ein endloses Gespräch. Danach verteilten die Frauen ein gutes Essen in Holzschüsseln: Prärierüben mit Büffelrippchen.

Ikata brachte nur wenig hinunter. Ein dicker Kloß saß in ihrem Hals. Sie fragte bescheiden: »Darf ich den Rest meinem Hund bringen?« Sie merkte, daß niemand sie verstand und machte durch Gebärden deutlich, was sie wollte. Die Frauen begriffen schließlich ihr Bellen und Schmatzen und machten ein verwundertes Gesicht.

Da sagte einer der Männer ein paar Worte und winkte zum Ausgang hin. Eilig huschte Ikata hinaus. Wasser, der sich draußen in den Zeltschatten gelegt hatte, warf sie vor Freude fast um. Glücklich sah sie zu, wie er die

Schüssel leerte. Am Flußufer wusch und scheuerte sie das Gefäß gründlich aus.
Dann kehrte sie zum Tipi zurück, ohne sich um die neugierig starrenden Kinder zu kümmern. »So, mein Wasser, hier leg dich hin und bell nicht! Wir sind hier nicht zu Hause.«
Am Abend wiesen ihr die Frauen ein Büffelfell zum Schlafen an. Der untere Zeltrand war hochgezogen, damit der kühle Nachtwind hindurchstreichen konnte. Unter dem Saum der Plane sah das Mädchen den Abendstern blinken, gerade zwischen den Spitzen der beiden Nachbarzelte.
Die Sätze der Mutter fielen ihr ein, über den wunderbaren Garten der Abendsternfrau: »Sie wird dich schützen, dein ganzes Leben hindurch.« Wie lange war das nun schon her? Hinter wieviel endlosen Grasebenen mochte ihr Dorf liegen? Und doch floß ihr aus dem Sternenlicht ein wenig Trost. Zum erstenmal seit ihrer Gefangennahme schlief sie ruhig und fest. Auch das ferne Heulen der Wölfe störte ihren Schlaf nicht.

Weshalb aus der Flucht endgültig nichts wurde

Als Ikata die Augen aufschlug, glaubte sie sich nach Hause versetzt. Es war alles wie im Zelt der Eltern: die gelbliche Lederwand, oben an der Spitze schwarz vor Rauch, der Kegel der Zeltstangen, der Türschlitz nach Sonnenaufgang. Ein Lichtstrahl fiel hindurch wie eine lange, goldene Lanze, gerade auf ihre Decke.
Doch dann rief sie ein mächtiges Räuspern und Spukken in die Wirklichkeit zurück. Fremde, unverständliche Worte schlugen an ihr Ohr, nicht besonders freundlich, wie sie spürte. Sie stand auf und warf ihr Kleid über. Trotz seiner Risse hielt es noch zusammen. Die ältere Frau reichte ihr einen Kupferbottich. Ikata verstand: Wasser holen! Sie ergriff den Henkel und ging zum Flüßchen. Gleich nach dem Frühstück wurde das Tipi abgebrochen. Ohne besondere Aufforderung half das Mädchen mit. Sie kannte ja die Griffe auswendig, bis zum Verpacken der Zeltplane.
Befriedigt sah sie, daß die Sachen des Tipis auf die braune Stute und den Wallach geladen wurden. Die geraubten Pferde blieben offenbar Eigentum der beiden Diebe. Aber dadurch blieben auch die Tiere in ihrer Nähe.
Der anschließende Ritt zeigte das gewohnte Bild, das sie längst kannte: das Dröhnen der Hufe, den aufglühenden Morgen, die Flußübergänge durch Furten.

Ikata durfte auf der Stute reiten. Ein Sioux half ihr sogar, auf das große Pferd hinaufzukommen. So ging es besser als bei ihrem Fluchtversuch. Damals dämmerte der Schatten des Pferdes unerreichbar hoch in dem Nachtdunkel. Kein Wunder, daß sie abgerutscht war! Im Laufe des Morgens merkte die kleine Reiterin, daß es immer noch weiter nach Norden ging. Ein größerer Fluß, der überquert wurde, lief von Westen nach Osten, genau wie der Niobara. Die Landschaft änderte sich unmerklich. Häufiger tupften Wäldchen und Haine die Prärie. Es sah so aus, als näherten sie sich einem gewaltigen Wasser, das tief ins Land hinein belebend wirkte.

Auch zeigten sich Spuren, als sei vor langer Zeit einmal die menschliche Hand glättend über die einsamen Flußauen gegangen. Ein paarmal zogen sie an verlassenen Dörfern vorbei, kaum mehr als menschliche Siedlungen zu erkennen. Die Häuser waren längst eingestürzt und zu großen, grasbewachsenen Erdhaufen geworden. Aber man erkannte noch die ehemaligen Gärten und Felder, auf denen früher der Mais gewogt hatte, umgeben vom Zaun der gelben Sonnenblumen.

Einst hatten hier Arikara gewohnt oder Mandan oder sonst ein feldbauendes Prärievolk. Aber niemals Sioux! Die wanderten Sommer und Winter durch die großen Grasebenen und hausten ständig in Tipis. Ikata wußte das aus den Reden ihres Vaters, der gern von jenen goldenen Zeiten erzählte, da es noch keine Sioux in den Ebenen gab, sondern nur die Pani und andere friedliche Maisbauern.

Mitunter lagerten die Sioux neben solchen alten, verlassenen Siedlungen. Dann wurden die letzten umgefallenen Palisadenpfähle als Feuerholz herangeschleppt. Ikata empfand solche Lagerplätze als Erleichterung. Das Schweigen aber rings um sie herum bedrückte sie. Niemand, der einen Brocken Pani verstand. Kein Mensch, mit dem sie ein Wort wechseln konnte. Manchmal vergaß sie das, und dann entfuhr ihr ein Satz in ihrer Muttersprache. Die einzige Antwort waren erstaunte und verständnislose Blicke.

Nur wenige Zeichen begriff sie ohne langes Reden. Wurde ihr ein kleines Beil in die Hand gedrückt, wußte sie ohne zu fragen, daß sie Holz holen sollte. Diese tägliche Arbeit war in der baumlosen Prärie eine mühsame Plage. Nur neben den alten, verlassenen Dörfern war sie ein Vergnügen. Dort fanden sich immer lange Pfähle, die gut zu verfeuern waren, und das Holzholen ging leichter von der Hand als in einem von dornigem Unterholz durchwachsenen Wäldchen.

Eines Nachmittags standen die Tipis wieder einmal neben einem solchen Hain. Er begann unvermittelt über einem zweimannshohen Steilhang. Die Bäume drängten sich bis an den Rand. Dann ging es fast senkrecht einen braunen, lehmigen Abhang hinunter. Die Kinder, wie immer um Holz geschickt, teilten sich die Arbeit ein. Die größeren Jungen sollten den Hang hinaufklettern und von oben alles trockene Geäst herunterwerfen, das sie fanden. Die Mädchen sollten unten die langen Stücke zerschlagen und zu Bündeln zusammenpacken.

Es ging durch diese Einteilung ganz gut voran. Massenhaft flogen die dürren Hölzer von oben herunter. Auf einmal traf ein Ast Ikatas Arm. Ärgerlich rief sie hinauf: »Gib doch acht! Du siehst doch, wo ich stehe!«

Aber wie fuhr sie hoch, als von oben eine Stimme zurückkam: »Ich wollte dir nicht weh tun!« Und nach einer kleinen Pause: »Wer bist du denn?«
Verblüfft starrte sie hinauf. Ein schmutziges, verschwitztes Jungengesicht blickte auf sie herunter. Der Junge hatte Pani gesprochen, nicht das unverständliche Sioux, nein, ihre eigene Sprache. Ikata stotterte vor Erstaunen: »Wer bist du denn? Woher kommst du? Kannst du mich verstehen?«
»Ja, ich kann dich verstehen. Sobald wir fertig sind, komme ich zu dir, und wir gehen zusammen zurück.«
Kurz danach erschien ein stämmiger Junge, einen halben Kopf kleiner als Ikata. Sie nahmen beide ihr Bündel unter den Arm und ließen die längeren Äste hinten nachschleifen. Sofort begann der Junge zu reden. »Ich bin Otter aus dem Panidorf ›Dornendickicht‹ am Plattefluß.«
»Otter heißt du? Mein Bruder heißt auch Otter. Aber er ist viel kleiner als du. Ich kann ihn noch auf dem Rücken tragen.«
»Woher kommst du denn?«
»Aus dem ›Dorf, das den Himmel kratzt‹, am Truthahnfluß. Wir nennen es meist Himmelsdorf.«
»Davon habe ich noch nie gehört. Es liegt wohl auch zu weit von uns entfernt.«
»Ich kenne dein Dorf auch nicht.«
»Wie bist du denn hierher gekommen, und seit wann bist du überhaupt bei diesen Sioux?«
»Sie haben mich gefangengenommen, als mein Weißfleck durchging. Weißfleck ist mein Pony. Das war vor zwanzig oder noch mehr Tagen. Ich weiß es nicht mehr so genau.«

»Ich bin schon seit drei Monaten hier. Sie haben mich beim Hüten gekriegt, als ich draußen ganz allein die Pferde bewachte.«

In fliegender Eile berichtete Ikata im einzelnen, wie es ihr ergangen war. »Und das schlimmste bleibt doch, daß ich hier niemand verstehe. Bis jetzt weiß ich noch nicht, wie eigentlich die Leute heißen, in deren Zelt ich wohne.«

Otter belebte sich sichtlich. »Ich verstehe schon ein wenig Sioux, ein paar Brocken. Wir sind hier bei der Bande des Häuptlings Aufgeblasener Büffel. Ich wohne sogar in seinem Zelt. Rechts und links vom Eingang ist eine große Maisstaude aufgemalt. Du kannst dir gar nicht vorstellen, wie eingebildet Aufgeblasener Büffel ist. Den halben Tag sitzt er da und bemalt sein Gesicht mit blauen Strichen und roten Kreisen. Ich muß ihm die Farbnäpfchen reichen.«

»Ja, den habe ich auch schon gesehen«, erinnerte sich Ikata. »Trägt er nicht eine lange Federschleppe bis hinten auf den Boden?«

»Ja, das ist er! Er geht niemals ohne seinen Federschmuck aus. Eingebildet wie ein aufgeblasener Büffel! Bei dem wohne ich. Paß auf, heute abend treffen wir uns beim Wasserholen!«

Damit trennten sich beide. Jeder ging in sein Tipi. Ikata konnte die Zeit kaum abwarten. Wasser wurde hier in einem kleinen Bach geschöpft, der aus dem Wäldchen heraussickerte und mühsam durch die Prärie schlich. Als Ikata mit ihrem Kessel kam, hatten die anderen Wasserholer schon viel Schlamm aufgewühlt. Daher lief das Mädchen bachaufwärts zu einem klaren Tümpel, ziemlich am Anfang des Rinnsals.

Sie erblickte Otter schon von weitem. Langsam und bedächtig schöpften sie. Otter fing gleich an zu reden. Er redete überhaupt viel. Aber jetzt sprach er von Flucht. »Wir müssen hier weg! Bei diesen Sioux und dem Aufgeblasenen Büffel bleibe ich nicht! Ich will nach Hause!«
»Ich natürlich auch. Seit meiner Gefangennahme habe ich daran gedacht. Ich habe sogar gleich zu Anfang versucht davonzureiten. Das habe ich dir heute morgen nicht erzählt!«
Ein Schimmer von Bewunderung überflog das Gesicht Otters. »Du hast es versucht? Erzähl doch mal!«
»Da ist nicht viel zu erzählen. Ich hatte mich von meiner Fessel losgemacht und schon den Sattel auf der Stute, als mein Hund bellte und die beiden Sioux weckte. Ich hatte ganz vergessen, Wasser das Bellen zu verbieten. Da war es natürlich vorbei mit der Flucht.«
Otter verschlug es offenbar die Sprache. Ikata fuhr fort: »Jetzt geht es überhaupt nicht mehr. In unserem Lager hier sind mindestens zweihundert Sioux. Wie sollen wir an die Pferde kommen?«
Der Junge hatte sich von seinem Staunen erholt. »Pah«, machte er. »Das ist doch ganz einfach. Die Pferde laufen nachts auf der Weide herum. Wir schleichen uns aus dem Zelt, wenn alle schlafen, und kriechen auf dem Bauch an die Pferde heran. Kriechen müssen wir unbedingt, sonst bemerken uns die Wächter schon von weitem, trotz der Dunkelheit. Siehst du, so!« Otter warf sich auf den Boden und schlängelte sich durch das Gras wie eine Eidechse.
»Am besten wäre natürlich, wir fänden deine Pferde,

die Stute und den Wallach. Die halten still, weil sie dich kennen. Dann schwingen wir uns hinauf und traben davon.«

Ikata krauste die Stirn. Dieses Hinaufschwingen kannte sie. Und da waren noch mehr Bedenken. »Wie schaffen wir denn die Sättel und Zaumzeuge auf die Weide? Sie liegen neben den Zelten, und ohne sie können wir überhaupt nicht reiten!«

»Das ist ganz einfach. Wir ziehen sie beim Anschleichen hinter uns her! Siehst du, so: ruck, ruck!« Er zerrte seine Kupferkanne hinter sich her und verschüttete dabei die Hälfte des Wassers.

»Wir müssen auch noch etwas zu essen haben. Am besten wäre ja Pemmikan. Woher bekommen wir denn den?«

»Ich weiß, wo Aufgeblasener Büffel seine Vorräte aufbewahrt. Davon nehme ich zwei Beutel mit. Wir ziehen sie mit den Sätteln hinter uns her. Außerdem besorge ich noch Pfeil und Bogen. Damit schieße ich Antilopen und Büffel. Die kochen wir unterwegs.«

»Aber dazu müssen wir einen Kessel haben und noch Stahl und Stein, um ein Feuer anzumachen.«

»Das nehmen wir auch mit. Ich weiß ja, wo meine Sioux all so etwas aufheben.«

Ikata schien es etwas viel, was sie da im Kriechen hinter sich herziehen sollten: Sättel, Zaumzeuge, Pemmikanbeutel, Pfeile, Bogen, Kessel, Feuerzeug!

»Bildest du dir denn ein, die Hütejungen merken nicht, wenn wir den Pferden die Sättel auflegen? Das ist nicht so einfach in der Finsternis. Bei meiner Flucht hatten die Sioux die Zäume am Abend gar nicht abgenommen. Die waren schon da! Auch der Pemmikan

und das andere Zeug muß in Packtaschen verstaut werden. Es dauert lange, ehe wir damit fertig sind!«

»Pah, das ist doch einfach. Wir warten bis zum nächsten Neumond. Dann wird es so dunkel, daß man nichts mehr sehen kann. Außerdem schlafen die Hütejungen bei Neumond.«

»Die Hütejungen schlafen bei Neumond? Das habe ich noch nie gehört. Bei uns zu Hause schlafen sie jedenfalls nicht!«

Otter beachtete den Einwand nicht. Für ihn war alles ganz einfach. Ikata fragte sich, wieso Otter überhaupt noch hier war, wenn alles so einfach war. Sie wußte nicht, daß sich der Junge tatsächlich einmal auf die Pferdeweide geschlichen hatte. Aber die Hütejungen hatten ihn erwischt und mit einer tüchtigen Tracht Prügel zurückgejagt. Davon freilich erzählte Otter nichts. Er war besessen von dem Gedanken an Flucht. Beim Wasserholen, beim Holzsammeln, beim Baden – immer und überall redete er darüber. Die anderen Kinder verstanden seine Worte ja nicht, nur Ikata. Zwischendurch schimpfte er auf die Sioux, besonders auf Aufgeblasener Büffel, schlimmer als ein Rohrspatz. Am meisten schien ihn zu kränken, daß er Frauenarbeiten tun mußte, wie er sich ausdrückte.

»Hast du schon einmal gesehen, daß ein Krieger Holz und Wasser holt? Wenn der Mais reif wird, geht kein Mann mit aufs Feld.«

Ikata lachte. »Das brauchst du auch hier nicht. Die Sioux haben gar keine Maisfelder. Aber mir fällt noch etwas anderes ein, woran ich bis jetzt nicht gedacht habe. Da ist noch mein Hund Wasser, der ist mir nachgelaufen, als sie mich gefangennahmen. Er hatte ganz

schlimme Pfoten, aber jetzt sind sie wieder heil. Wasser bellte beim ersten Fluchtversuch. Aber daran war ich allein schuld, denn ich hatte vergessen, ihm das Bellen zu verbieten. Wasser muß ich unbedingt mitnehmen!«
Otter machte ein würdiges und strenges Gesicht, so ähnlich wie Aufgeblasener Büffel, wenn er durchs Lager stolzierte. »Das gibt es nicht. Der bellt bestimmt wieder und verrät uns. Du mußt den Hund sofort totschlagen!«
Ikata traute ihren Ohren nicht. »Ich soll meinen Wasser totschlagen? Du hast wohl Tollkirschen gegessen! Darauf kannst du warten, bis du graue Haare hast!«
Aber Otter gab nicht so schnell auf. »Sei nicht so feige! Es geht nun einmal mit dem Hund nicht! Und vergiß nicht, welchen Coup du getan hast, wenn du mit den beiden Pferden nach Hause kommst! Dann darfst du eine von den großen Adlerfedern tragen, mit einem schwarzen Tüpfelchen an der Spitze!«
Ikata gab keine Antwort und lief empört fort. Davon hatte ja schon Igel gefaselt, von einem Coup. Ein Mädchen brauchte keinen Coup, so etwas gab es nur für Krieger. Lange streichelte sie ihren Hund. »Lieber hier zusammenbleiben, mein Wasser, als daß ich allein mit dem verrückten Otter reite. Wir kommen auch ohne dessen Hilfe nach Hause, nicht wahr?«
Nein, Otter mit seinen Fluchtplänen gefiel Ikata gar nicht mehr. Sollte er nur ruhig bei Neumond flüchten, aber allein.

Die Sioux verhandeln ihre Beute

Eines Tages während der Mittagspause kam Otter aufgeregt angelaufen. Ikata machte ein abweisendes Gesicht. Sicher wollte der Junge wieder sein ewiges Gesprächsthema anfangen. Aber siehe da! Otter berichtete eine Neuigkeit, eine kaum glaubliche. »Heute kommen wir an den Missouri! Eben habe ich es von Aufgeblasener Büffel gehört. Sie lagern dann bei einem Dorf mit Namen Hohes Ufer!«

Der Junge wartete keine Antwort ab und schoß davon. Auch Ikata befiel eine unerklärliche Aufregung, ohne zu wissen warum. Von dem geheimnisvollen Strom im Norden hatte sie schon zu Hause am Truthahnfluß gehört. Der Vater nannte ihn den Großen Schlammfluß, Onkel Weißbart sprach vom Missouri.

An manchen verlassenen Dörfern mit umgefallenen Palisaden und eingestürzten Häusern waren sie in den vergangenen Tagen vorübergezogen. Jetzt – es war gegen Mittag – tauchte auf einmal eine lebende und bewohnte Siedlung auf, kein Zeltlager mit weißen Kegeln, sondern ein Dorf mit Erdhäusern, Graben, Wall und Pfahlwand, genau wie zu Hause.

Dem Mädchen erschien das Dorf wie ein Traumbild. Es lag in einer großen Lücke des Uferwaldes. Über die braunschwarz angelaufenen Pfosten hinweg erkannte sie deutlich die runden Kuppeln der Häuser. Aus einzelnen stiegen blaue Rauchfahnen in die sonnige Luft. Auf anderen Dächern lagen und saßen Leute, ganz wie zu Hause auch. Jenseits des Dorfes wälzte sich ein mächtiger Strom heran. Seine gelben Fluten schützten die Siedlung von Norden. Auf den anderen Seiten versteckten sich die Häuser hinter der Palisade.

In steigender Erregung starrte das Mädchen auf den näher kommenden Wohnplatz. Ihr Himmelsdorf sah nicht viel anders aus. Nur der Strom hier war breiter, viel breiter als der Truthahnfluß und auch noch breiter als der Niobara.

Ein Zuruf schreckte sie auf. Die Sioux fingen an, ihre Tipis aufzustellen. Kaum stand das Zelt von Ikatas Leuten, als der ältere von den beiden Sioux ihr bedeutete, mitzukommen. Sie verließen den Lagerplatz und schritten dem Dorf zu. Die Palisade wurde allmählich höher. Jetzt erkannte man auch den Eingang, der in die Palisade hineinführte.

Von neuem packte eine unerklärliche Erregung das Mädchen. Von irgendwoher dämmerte ihr die Ahnung, daß eine Wendung ihres Schicksals bevorstand. Innerhalb der Befestigung krümmten sich die vertrauten, schmalen Pfade zwischen den Häusern, verengt durch Reisigbündel, angepflockte Pferde und herumstreunende Hunde. Offenbar wußte ihr Sioux, wohin er wollte. Sicher verfolgte er seinen Weg, ohne zu fragen. Plötzlich tauchte er in einem Hausgang unter. Ikata zögerte, doch der Sioux zog sie an der Hand hinter sich her.

Auch innen bot sich das gewohnte Bild. Durch die runde Dachöffnung sickerte Licht und erfüllte den Raum mit halber Dämmerung. Ikata sah am glimmenden Feuer zwei Männer sitzen und erkannte undeutlich, wie eine Frau an einem Vorratsbeutel arbeitete. Eine andere ging gerade mit einem Kupferkessel nach draußen. Der Sioux ließ sich stumm neben dem älteren Indianer am Feuer nieder. Das Mädchen setzte sich hinter ihm auf den Boden und blickte sich im Raum um. Vier schwere dicke Holzpfeiler stützten das Dach, nicht acht wie zu Hause. Sonst war alles wie bei den Eltern. Selbst die Hunde lagen auf ihren angestammten Plätzen rechts und links des Einganges. Sie waren aufgestanden, als die Besucher hereinkamen, legten sich aber auf einen Zuruf wieder hin.

Jetzt konnte Ikata auch die beiden fremden Männer aus der Nähe betrachten. Ihre Gesichter glichen sich. Die niedrigen Augenhöhlen verschwanden fast unter den buschigen Augenbrauen, und zwischen den breiten Backen sprang eine kräftige Nase hervor. Es mußten Vater und Sohn sein. Die Strähnen auf dem Kopf des einen schimmerten weiß, während der andere völlig schwarze Haare hatte. Mitten über der Stirn trugen sie eine kleine Spitze: Hier war das Haar mit Fett wie ein Horn frisiert.

Ikata schwindelte: Diese Frisur trugen alle Männer zu Hause, auch der Vater. Sollten die beiden am Feuer etwa Pani sein?

Nun begann der ältere – anscheinend der Hausherr – eine Pfeife zu stopfen. Die braunen Finger drehten den Pfeifenkopf und preßten die Krümel in die Öffnung. Oben auf den Tabak legte er ein Stückchen geräucherten Biberspeck.

Ikata blickte den Sioux voll Staunen an. Biberspeck legte der Vater nur auf den Tabak, wenn geehrte Gäste und hochwillkommene Freunde das Haus betraten. Ihr Sioux, an dem sie gar nichts Besonderes entdecken konnte, mußte bei der fremden Familie etwas gelten. Sobald die Pfeife glimmte, ging sie von Hand zu Hand. Jeder der drei Männer tat vier Züge.

Danach begannen sie zu reden. Die Sätze gingen hin und her zwischen dem Sioux und dem jüngeren Mann am Feuer. Ikata verstand kein Wort. Aber auf einmal wandte sich der Sohn an den Vater und sagte ganz deutlich auf Pani: »Hirschschwanz bietet dir das Mädchen an, das hinter ihm sitzt. Sie ist ein Panimädchen vom Niobara. Er hat sie vor einem Monat selbst gefangen.«

»Frage Hirschschwanz, was er bei diesem Tausch haben will.«

Wieder gingen unverständliche Worte zwischen dem Sioux und dem Dolmetscher hin und her. Dann sagte der Sohn: »Mein Vater, Hirschschwanz meint, die Gefangene sei zwei Pferde wert.«

Der Ältere zögerte einen Augenblick. »Sag ihm, er soll ein Pferd bekommen. Weiter erlasse ich ihm die vier Büffeldecken, die er mir noch vom letzten Handel schuldet.«

Noch einmal versank das Gespräch in die kehligen, unverständlichen Sätze. Dann schloß der Sohn ab: »Hirschschwanz ist einverstanden, Vater. Er überläßt dir das Mädchen für ein Pferd und die vier Büffeldekken.«

Atemlos, mit offenem Mund, hatte Ikata zugehört. Was sie verstanden hatte, war Pani gewesen. Der Alte und sein Sohn hatten Pani gesprochen. Gewiß, es klang etwas fremd und sonderbar, aber es war verständlich.

Da, jetzt redeten sie wieder. »Geh mit Hirschschwanz auf die Weide und gib ihm den Schimmel mit den Flecken.«

»Ich gehe, mein Vater. Hirschschwanz wird zufrieden sein.«

Die beiden Männer erhoben sich. In ihrer Verwirrung stand Ikata ebenfalls auf und wollte hinter dem Sioux das Haus verlassen. Doch die Stimme des Hausherrn bannte sie an ihren Platz. »Bleib hier, meine Enkelin!«

Sofort setzte sich das Mädchen nieder, um zu hören, was der Alte weiter sagen würde.

»Du hast jetzt hier an diesem Feuer deinen Platz. Du sollst bei uns die Stelle einer Enkelin einnehmen. Unsere eigene Enkelin haben wir im Frühling verloren. Als das Eis des Stromes aufbrach, wagte sie sich hinaus zwischen die schon treibenden Schollen. Dabei ist sie ertrunken.«

Der Alte schwieg eine Weile. Es schien Ikata, als hinge er trüben Gedanken nach. Dann fragte er: »Wie viele Winter hast du gesehen?«

»Zwölf Winter ...« Ikata zögerte. Dann ergänzte sie: »Mein Großvater.« Diese Anrede galt nicht nur wörtlich dem leiblichen Großvater, es war auch die Anrede für alle älteren Männer, sofern sie weiße Haare hatten. Also konnte sie ruhig Großvater sagen. Eine lange Pause entstand.

Da faßte das Mädchen Mut. »Ich habe seit vielen Tagen kein Wort Pani gehört. Wie kommt es, daß die Leute hier meine heimatliche Sprache reden? Wo bin ich jetzt?«

»Meine Enkelin, du bist in dem Dorf ›Hohes Ufer‹ der Arikara. Der Strom, der vorbeifließt, ist der Große

Schlammfluß, den die Weißen Missouri nennen. Vor uralten Zeiten wohnten wir im Süden und bildeten mit den Pani ein einziges Volk. Wir sprachen eine Sprache. Dann haben wir uns getrennt. Die Pani wanderten den Niobara aufwärts nach Westen, und die Arikara zogen den Missouri aufwärts nach Norden. Viele Jahre sind wir gewandert. Hier haben wir haltgemacht. Seitdem bauen wir hier unseren Mais.«

Ikata hörte staunend zu. »Mein Vater hat mir einmal etwas Ähnliches erzählt. Weit droben im Norden, sagte er, wohnen Verwandte von uns, die sprechen dieselbe Sprache wie wir. Ich habe nur vergessen, wie diese Verwandten hießen.«

»Wir senden in jedem Frühling eine Botschaft in das Land der Ahnen. Dazu setzen wir eine kleine Tanne zwischen die Eisschollen des Stroms. Wenn dann das Eis aufbricht und abwärts treibt, treibt auch die Tanne nach Süden und erzählt unseren Ahnen, daß wir noch leben. Unsere Enkelin wollte dem Baum in diesem Frühling ein Paar Mokassins mitgeben. Dabei ist sie verunglückt.« Der Alte hing wieder seinen Erinnerungen nach und schwieg.

Eine Frau trat zum Feuer. »Das ist unsere neue Enkelin«, sagte der Hausherr kurz. Ikata verstand, daß diese Frau ihre neue Atika war. Sie fühlte sich bei der Hand ergriffen und fortgezogen.

»Komm nur mit! Was hast du für ein Kleid an, ganz zerrissen! So kannst du nicht herumlaufen. Wir nähen gleich für dich ein neues Kleid.«

Das Mädchen ließ alles mit sich geschehen. Zu viel war seit dem Mittag auf sie eingestürmt. Eine Tante, deren Namen Ikata sofort vergaß, brachte Antilopenfelle herbei. Bald zogen sich Striche von Holzkohle über das helle Leder. Mit dem Messer wurden die Stücke ausgeschnitten, Sehnenzwirn wurde in Nadeln eingefädelt. Zwischendurch bekam Ikata zu essen.

Seit vielen Tagen hatte das Mädchen schweigen müssen. Die Sioux verstanden ihre Sprache nicht, und die Unterhaltungen mit Otter galten nicht. Der hatte ja nur von Flucht phantasiert, ohne daß seine Zuhörerin viel dazwischen einschieben konnte. Außerdem wußte er alles besser. Jetzt durfte Ikata auf einmal sprechen. Es hatte für sie wieder einen Sinn zu reden, weil alle Menschen um sie herum verstanden, was sie sagte.

Die vergangenen Erlebnisse brachen aus ihr hervor, wie ein lange zurückgedämmter Bach. Ikata erzählte unaufhörlich. Ihr Herz lief über. Die Frauen brauchten kaum zu fragen. Keine Einzelheit vergaß sie. »Auf einmal hörte ich etwas schnüffeln, und da kam mein Wasser auf mich zugelaufen ...«

»Wer ist denn dieser Wasser«, wollte die neue Atika wissen. Ikata wunderte sich. »Das ist doch mein Hund, so ein großer, schwarzer mit einem buschigen Schwanz ...« Sie stockte. »Aber wo ist er denn geblieben?«

Sie sprang auf. »Wasser muß noch bei den Sioux sein, bei der Bande des Aufgeblasenen Büffels. Es ging alles so schnell heute mittag. Ich dachte auch, ich würde bald wieder zurück sein. Darf ich ihn holen?«

»Natürlich darfst du das. Die Tante geht mit dir.« Eilig machten sie sich auf den Weg. Unterwegs erzählte Ikata von Wasser. »Er ist immer mitgelaufen. Jeden Abend hat er sich die Pfoten geleckt, weil sie von dem vielen Laufen bluteten.«

Bald waren sie bei dem Lager des Aufgeblasenen Büffels angelangt. Sie fanden den Hund, wie er unruhig um das Zelt des Hirschschwanzes herumschnüffelte, in dem Ikata gewohnt hatte. Mit lautem Freudengebell sprang er an dem Mädchen hoch, als wollte er sagen: »Da bist du ja, ich habe dich überall gesucht!«
Ohne die Insassen des Zeltes zu begrüßen, machten sie sofort kehrt. Wasser lief zwischen ihnen. Auf dem Rückweg erzählte die Tante von den Sioux. »Du mußt wissen, daß die Bande des Aufgeblasenen Büffels in jedem Sommer und Herbst bei unserem Dorf erscheint, um Felle, Pemmikan und Trockenfleisch zu vertauschen. Wir selbst gehen nicht mehr fort auf die große Sommerjagd, seitdem sie uns einmal überfallen haben.«
»Aber warum handelt ihr denn mit ihnen? Mit so bösen Leuten würde ich gar kein Wort reden.«
»So einfach ist das leider nicht. Die wenigen Büffel hier in der Nähe unseres Dorfes reichen nicht hin und nicht her. Unsere Jäger machen einfach zu wenig Fleisch. Daher müssen wir Fleisch und Felle von den Sioux einhandeln.«
»Kennt ihr den Hirschschwanz schon lange, oder kam er jetzt zum erstenmal in euer Haus?«
»Nein, er kommt jedesmal, wenn seine Bande hier lagert. Er gehört zu den wenigen Anständigen. Die anderen taugen gar nichts und stehlen wie die Raben.«
»Das ließe ich mir nicht gefallen. Ich würde sie aus dem Dorf hinauswerfen und nie wieder hereinlassen!«
»Das sagt sich so leicht. Gegen eine kleine Bande, wie sie Aufgeblasener Büffel führt, können wir uns verteidigen. Aber wenn einmal Hunderte oder gar Tausende kommen, dann ist nichts zu machen. Gegen so viele hilft

unsere Palisade nicht. Wir müssen uns einfach ausplündern lassen.«

Inzwischen waren sie nahe an die Pfahlwand herangekommen. Man erkannte deutlich, an wie vielen Stellen die Pfosten fehlten. Da klafften Lücken, so breit, daß zehn Sioux nebeneinander hindurchstürmen konnten.

»Sieh mal«, sagte Ikata, »was für große Löcher eure Palisade hat.«

Die Tante seufzte. »Es gibt immer Frauen, die im Winter kein Holz aus dem Wald am Fluß holen. Das ist ihnen zu weit. Lieber hauen sie ein paar Pfähle in der Palisade um. Die Häuptlinge haben es oft genug verboten. Aber die Frauen tun es doch. Wir wollen nur hoffen, daß niemals feindliche Sioux kommen.«

Die Tante schwieg einen Augenblick. Dann ergänzte sie: »Sioux sind alle Teufels-Sioux!«

Ikata hatte das Wort noch nie gehört. »Was sind Teufels-Sioux?«

»Das sind böse Sioux. Die Weißen nennen alle bösen Geister Teufel. Hoffentlich besuchen uns solche Teufels-Sioux nicht. Die kleine Bande, mit der du gekommen bist, kann uns nicht schaden.«

Das Mädchen dachte an seine Gefangennahme. »Ach Tante, es gibt nicht nur Teufels-Sioux, es gibt auch Teufels-Igel!«

Die Tante stutzte, dann lachte sie herzlich. »Du meinst den Bengel in eurem Dorf mit der Peitsche! Der deinen Weißfleck geschlagen hat. Ja, das ist allerdings ein Teufels-Igel!«

Ein alter Bekannter taucht auf

Ikata fand sich schnell in »Hohes Ufer« zurecht. Sie war so klug, von ihrer Sehnsucht nach den Eltern zu schweigen. Auch ihre neuen Verwandten vermieden das Thema: Die Enkelin sollte ja bei ihnen bleiben. Sie vertrauten darauf, die Gewöhnung würde das Ihre tun.
Tatsächlich wurde das Mädchen schon in wenigen Tagen ein Teil ihrer neuen Familie, nicht nur äußerlich. Ikatas Herz wurde warm für ihre Verwandten, als sie Wasser ins Haus und ans Feuer bringen durfte. Ihre Bettbank war hoch genug, so daß der Hund bei Nacht darunterkriechen konnte. Wurde sie einmal wach, hörte sie ihn schnaufen und kraulte seinen dicken Pelz.
Bald fand sie sich auch in den engen Gäßchen zurecht. Die Kinder liefen zum täglichen Morgenbad ein Stück stromabwärts. Beim Dorf selbst – es hieß nicht umsonst »Hohes Ufer« – war die Strömung zu stark. Deshalb badeten sie etwas unterhalb des Wohnplatzes, wo die Strömung weit in den Fluß hinausschoß und am Ufer eine ruhige Stelle zurückließ.
Freilich, die Kinder – auch die Mädchen – blieben ihr fremd. Eine zweite Maisquaste gab es hier nicht. Die Hütte nebenan, in der zu Hause die Freundin mit ihren Eltern wohnte, sah auch ganz anders aus als die runden Kuppelhäuser. Es war ein aus Balken gefügter, viereckiger Kasten. Er trug ein sonderbares, schräges

Dach. In den Wänden saßen viereckige Löcher, in denen helle, dünne Eisplatten glänzten. Sonderbarerweise schmolz das Eis nicht. Die Atika erzählte, daß die weißen Leute diese Platten Glas nennen.

In diesem merkwürdigen Holzkasten wohnte ein Händler, so einer wie Onkel Weißbart am Truthahnfluß.

Am dritten Tag schickte die Großmutter ihre neue Enkelin hinüber. »Hol doch eine Büchse Kaffee, aber eine von den kleinen, nicht eine große!«

Neugierig betrat Ikata das viereckige Haus zum erstenmal. Ein großer Raum hinter der Tür enthielt die Waren. Auf der Rückseite stand ein mächtiges Regal, das über die ganze Länge der Wand ging. Davor klotzte ein schwerer, ebenso langer Tisch. Rechts türmten sich Fässer übereinander. Ein Stapel frischer Büffelhäute strömte einen säuerlichen Geruch aus. Dieser scharfe Geruch mischte sich mit dem Duft von Bärenschmalz, Trockenfleisch und gebranntem Kaffee. Blaue und rote Wolldecken im Regal tupften die Wand mit bunten Farben.

Der Händler stand hinter der Theke und sprach gerade mit einem Besucher. »Und dann schuldet mir der Weiße Reiher noch ein Gewehr. Eine gute Rifle, die ich ihm im vergangenen Herbst auf Pump gegeben habe. Gleich nach der Winterjagd wollte er sie mit Biberfellen bezahlen. Meinst du, er wäre gekommen? Er hat sich nicht blicken lassen. So mancher andere auch nicht, der hier auf meiner Liste steht!«

Er schlug mit der Faust auf ein dickes Paket, das vor ihm auf dem Tisch lag. Eine kleine Staubwolke stieg auf. »Der Teufel soll diese Kerle holen, die nur auf

Pump leben!« Da war es wieder, das Wort für die Bösen! Der Händler schien nicht viel von den Sioux zu halten, ebensowenig wie die Tante. Der Besucher antwortete kaum. Er murmelte etwas Unverständliches und ging dann aus der Tür.

Ikata hatte die Szene mit ungläubigem Staunen verfolgt. Sie starrte den Händler mit offenem Mund an. Das war doch ... Das mußte Onkel Weißbart sein, niemand sonst! Das Haar am Kinn, die tiefe Stimme, die Narbe an der Stirn ... Es paßte alles!

»Onkel Weißbart«, rief sie. Der alte Mann machte ein verwundertes Gesicht. »Nanu? Wer bist du denn? So nennt mich hier doch kein Mensch!«

»Ich bin doch Ikata! Aus dem Dorf, das den Himmel kratzt, am Truthahnfluß! Du hast im Frühling meinen kranken Arm geheilt.«

Der Händler riß die Augen auf. »Donnerschlag! Komm mal her an die Tür. Hier ist es ein bißchen dunkel. Wahrhaftig, du bist es! Nun soll doch der Himmel einfallen! Wie in aller Welt kommst du denn an den Missouri? Das ist ja ein Riesenweg von Niobara hierher. Sind deine Eltern nach ›Hohes Ufer‹ umgezogen?«

Ikata schluckte ein paarmal. Die Stimme versagte ihr. Dann berichtete sie stockend. »Ein Sioux hat mich geraubt und hierher gebracht. Ich bin erst vor drei Tagen angekommen. Die Familie nebenan hat mich von Hirschschwanz gekauft.«

Mitleid malte sich auf dem Gesicht des alten Mannes. Er verfiel in sein Englisch. »Gekauft? So eine Schweinerei! Diese Banditen stehlen fremde Kinder und verhandeln sie wie Büffelhäute. Diesen Schuften müßte man ihr Handwerk legen. Aber ich darf es natürlich nicht mit meinen Kunden verderben!«

Dann ging er wieder in das Pani über und sagte tröstend: »Verlier nur den Mut nicht. Du kommst schon wieder nach Hause zurück, an den Truthahnfluß. Erzähl nur den Leuten hier nichts davon, daß ich dich kenne. Die werden gleich mißtrauisch. Bei wem wohnst du denn eigentlich?«

Ikata geriet in Verlegenheit. Plötzlich merkte sie, wie unbekannt ihr die neue Familie war. Sie wußte nicht einen einzigen Namen. Wie hieß nun der Großvater? Und wie hieß die Großmutter? Sie versuchte Onkel Weißbart ihr jetziges Haus näher zu erklären. »Ich wohne gleich rechts, wenn man aus deiner Tür kommt.«

»Dann gehörst du also Dicker Elk und seiner Frau Büffelrippe. Als was bist du denn bei ihnen?«

»Ich soll ihre neue Enkelin sein, weil ihre richtige im Frühling ertrunken ist zwischen den Eisschollen.«

»Ach ja, ich erinnere mich. Hoffentlich behandeln sie dich besser als dieser ... Wie hieß doch noch der Sioux, der dich hierhergebracht hat?«

»Er hieß Hirschschwanz. Er ist mit mir vom Lager gleich in das Haus des Dicken Elk gegangen.«

»Aha! Den kenne ich. Das ist auch so einer, der seine Schulden nicht bezahlt. Er hätte gut die paar Schritte zu mir tun können, wo er schon mit dir nebenan war. Wollen mal sehen, was bei ihm noch offen steht!«

Onkel Weißbart öffnete das Paket auf dem Tisch. Es enthielt lauter weiße Blätter, auf denen schwarze Zeichen standen, so ähnlich wie auf einem bemalten Lederfell. Die Blätter waren an einem Ende festge-

macht und ließen sich hin und her wenden. Auf einmal hielt der Händler inne und fuhr mit seinem dicken Finger an den Zeichen entlang. »Da steht es: fünf Beutel Pulver, 250 Bleikugeln, vier blaugestreifte Decken, zwei große Büchsen Kaffee, zwei eiserne Pfannen, zehn Pakete Tabak. Nichts hat er bis jetzt bezahlt.«
Es ging dem Onkel gar nicht so sehr um die Bezahlung seiner Waren. Er konnte gut auch noch länger warten. Aber das Schicksal des Mädchens, das da vor ihm stand, abgemagert und blaß, herausgerissen aus seinem Elternhaus, verkauft wie ein Stapel Wolldecken, brachte ihn in Wut. Er wußte natürlich, daß dergleichen bei den Sioux üblich war und daß die Räuber ein schwunghaftes Geschäft mit Gefangenen trieben. Doch dieses Mal wollte er diesem Pack einen Denkzettel geben. Wenigstens Hirschschwanz sollte für seine Gemeinheit büßen.
Der Onkel blickte Ikata an. »Hirschschwanz hat doch für dich etwas bekommen. Weißt du zufällig, was Dicker Elk für dich gegeben hat?«
Das Mädchen wurde lebhaft. »Ganz genau weiß ich das. Ich habe es ja selbst gehört. Er hat ein Pferd bekommen, einen Schimmel mit Flecken. Auch brauchte er vier Büffeldecken nicht zu geben, die er noch schuldete.«
»Sieh mal an! Weißt du, ob Hirschschwanz nur dieses eine Pferd besitzt oder noch mehr? Wenn er dich hierher gebracht hat, mußt du doch seine Pferde genau kennen.«
»Hirschschwanz hat außer dem Schimmel noch zwei Pferde. Das weiß ich, eine braune Stute und einen Wallach. Die gehören nämlich meinem Vater. Hirsch-

schwanz hat sie gestohlen. Ich sollte sie meinem Vater bringen, damit sie Büffelfleisch ins Lager trugen. Dabei bin ich vom Pony gefallen. Als ich wieder richtig sehen konnte, hielten Hirschschwanz und noch ein Mann unsere Pferde am Zaum. Seitdem hat er sie immer bei sich gehabt, und er hat sie auch heute noch.«

Der Händler pfiff leise durch die Zähne und murmelte auf englisch: »Na, warte nur! Einen Tag will ich mich noch gedulden. Möchte wissen, ob die anderen Sioux ihre Schulden auch vergessen. Denen werde ich heißes Wasser in die Pantoffeln gießen.« Dann sagte er auf Pani: »Du bist ein braves Mädchen.« Er langte auf das Regal und holte einen kleinen Zuckerhut herunter, eingeschlagen in blaues Papier. »Hier, mein Töchterchen, das ist für dich.«

Ikata dankte überrascht. Sie hatte längst nicht alles verstanden, was Onkel Weißbart so halb im Selbstgespräch dahergeredet hatte. Doch spürte sie, daß seine zornigen Worte nicht ihr galten.

Der Händler langte noch einmal in sein Regal. »Hier ist auch die Büchse Kaffee, die du holen solltest. Nicht wahr, eine kleine Büchse? Ich schreibe sie an. Dicker Elk zahlt immer pünktlich.« Der Onkel kritzelte ein paar Zeichen auf ein weißes Blatt. Dann sagte er eindringlich: »Verrate niemand, daß du mich von früher her kennst. Vergiß das nicht!«

Ikata versprach es und ging überglücklich. Jetzt besaß sie außer Wasser noch einen alten Bekannten hier. Zu Hause sagte sie nichts von dieser Entdeckung. Doch kam ihr »Hohes Ufer« nicht mehr so fremd vor.

Das Mädchen konnte nicht ahnen, welche Folgen ihr Gespräch mit Onkel Weißbart hatte. Dazu gehörte

auch das verwandelte Benehmen der Sioux. Eines Tages rückte die Bande des Aufgeblasenen Büffels lautlos ab. Sonst geschah das unter Flintenknallen und Abschiedsrufen. Dieses Mal blieb alles stumm. Die Leute im Dorf sprachen lange darüber. Niemand wußte, was eigentlich die Sioux verärgert hatte. Schließlich hieß es: »Wir freuen uns, daß sie fort sind.«
Zwei Tage später kam Ikata zufällig auf die Pferdeweide. Wasser war mitgelaufen. Plötzlich rannte er auf ein Tier zu und umkreiste es mit fröhlichem Bellen. Ikata blickte schärfer hin und traute ihren Augen nicht. Das war ja ihre Stute, die braune von zu Hause, die sie hierher getragen hatte. Sie lief zu dem Pferd, umarmte seinen Kopf und klopfte zärtlich den Hals. »Du bist ja gar nicht mit Hirschschwanz fortgegangen, meine Gute! Jetzt bleiben wir zusammen, nicht wahr!«
Die Stute schnupperte an Ikatas Gesicht und Ohren und rieb ihren Kopf an des Mädchens Schulter. Ein Hütejunge schlenderte herbei.
»Wem gehört denn die Stute«, wollte Ikata wissen.
»Die hat der Händler vor zwei Tagen auf die Weide gebracht. Er hat sie von einem Sioux bekommen.«
»Ah! Das kann nur Hirschschwanz gewesen sein. Der hatte ja noch eine Menge Schulden bei dem Händler zu bezahlen und hat sicher dafür das Pferd gegeben!«
Am gleichen Tag besuchte Ikata Onkel Weißbarts Hütte. »Hat dir Hirschschwanz die Stute gegeben?«
Der Alte lachte dröhnend. »Gegeben? Er mußte sie herausrücken, verstehst du? Er mußte! Wollte mich wieder vertrösten und erst beim nächstenmal bezahlen. Da bin ich zum Häuptling Aufgeblasener Büffel gegangen und habe mich beklagt. Nun gab Hirschschwanz

nach. Vor seinen Schimpfworten habe ich meine Ohren verschlossen.«

Nach einer Pause fuhr der Händler fort. »Ich habe dann gleich auch noch von den anderen Sioux die Schulden eingefordert. Keiner bestritt, daß er mir etwas schuldete. Aber jeder ärgerte sich, daß er jetzt Pferde, Büffelhäute und Pemmikan herausrücken mußte. Sie machten finstere Gesichter. Am Schluß, als alles erledigt war, wollten sie noch auf mich losgehen. Da habe ich mich fortgemacht. Sie riefen hinter mir her: ›Das werden wir dir eintränken!‹ Nun, Worte töten nicht. Hauptsache ist, ich habe meine Pferde!«

Ikata hörte aufmerksam zu, ohne ein Wort zu sagen. Sie dachte anders über die Drohungen der Sioux. Eintränken hatte damals auch Igel gesagt, und sie wußte, wie der Bengel sich für die Ohrfeige gerächt hatte. Sollte Onkel Weißbart die Reden der Sioux nicht ernster nehmen?

Aber er nahm sie offenbar auf die leichte Schulter. Und die Leute in »Hohes Ufer« erfuhren gar nichts davon. So lebten alle ahnungslos weiter in dem Arikaradorf am Missouri. Niemand störte es, daß die Palisade Löcher hatte. Niemand dachte daran, die Lücken mit neuen Baumstämmen auszufüllen.

Weshalb plötzlich auch die Sioux wieder erscheinen

Gegen Ende des Jagdmonats war Ikata an den Missouri gekommen. Der folgende Monat »Sonne wandert lange Tage« tauchte die Prärie in Gelb und Rot. Wie eine Flut schäumten gelbe Kegelblumen und Goldruten über die Bodenwellen dahin, unterbrochen von roten Malven, an deren Stengeln sich die Präriehunde labten. Es war hier alles größer als am Truthahnfluß: der Missouri, die Blumenfelder und auch die Gärten. Gerade die Gärten nahmen überall die Ufer ein. Stromauf und stromab waren die Bäume gefällt, um dem Mais, den Kürbissen, den Bohnen, Erbsen und Sonnenblumen Platz zu machen. Brauchten die Frauen Feuerholz, mußten sie weit laufen.

Nicht ganz so weit hatte es Ikata, wenn sie geschickt wurde, Prärierüben und Wildkartoffeln zu graben. Dann ging sie zur »Höhle«. So hieß ein Ort landeinwärts. Ein Bach schlich da durch die Prärie, jetzt im Hochsommer fast ausgetrocknet. Nur einzelne Tümpel schimmerten im Bachbett, auf denen sich bunte Enten herumtrieben.

Früher hatte einmal ein Dorf an diesem Wasserlauf gelegen. Man sah noch die flache Eintiefung des Grabens und die Erdhaufen der Häuser. Nicht weit von diesem verlassenen Dorf gähnte die Höhle, eine zweimannstiefe Öffnung in einem Hügel, in die man hineinkriechen konnte. Es sah so aus, als hätten Menschenhände den Hügel aufgeworfen mitsamt der Höhle, vielleicht als Zufluchtsort. Niemand wußte es. Der herbe Geruch von Salbei würzte dort die Luft.

Ringsherum hatten sich Präriehunde angesiedelt. Von weitem sah Ikata sie auf Erdhügeln sitzen vor ihrem Bau. Kam sie näher, pfiffen sie und verschwanden blitzartig in ihren Löchern. Nun fing sie leise an zu graben mit ihrem spitzen Holz. Bald hier, bald da tauchte ein schwarzbraunes Köpfchen hervor, nicht größer als bei einem Kaninchen. Rief Ikata »husch«, tauchten sie eilig in ihren Löchern unter. So ging das Spiel endlos fort. Ikata glaubte manchmal, die Präriehunde hätten ebensoviel Freude an diesem Verstecken wie sie selbst.

Hier bei der Höhle überraschte sie und ihre zwei kleinen Begleiterinnen eines Tages ein Gewittersturm. Wie immer stieg die Wetterwand mit unheimlicher Schnelligkeit am Westhimmel empor. Ikata zögerte eine Weile, denn es waren gerade noch ein paar besonders schöne Prärierüben auszugraben. Als Ikata endlich so weit war, konnten die Kinder nicht einmal mehr zum Bach laufen, um sich unter den Weiden zu bergen.

Himmelhohe Staubwolken fegten mit dem Sturm heran. Staub und Sand machten sie halb blind. Die ersten Tropfen klatschten herunter. Da fiel ihr die Höhle ein. Sie faßte die beiden Kinder bei den Händen und rannte mit ihnen dem Obdach zu. Atemlos stieß sie die Kleinen in die Öffnung und kroch selbst hinterher.

Was dann kam, hatte Ikata noch nicht erlebt. Hagelkörner prasselten herunter, zuerst klein, dann so groß wie Haselnüsse. Benommen starrte sie in den fürchterlichen Schloßensturm, der wie eine weiße, glitzernde Wand vor der Höhle herniederschlug. Sausen, Heulen und Brausen erfüllte die Luft. Die Eisbrocken zerschmetterten alles: Blumen, Gräser und Sträucher.

Angstzitternd klammerten sich die beiden Kinder an sie. Sie versuchte ihnen zuzureden, aber das Brausen riß ihr die Worte vom Mund fort. Sie fühlte nur, wie die Kleinen bei ihr Schutz suchten. Plötzlich floß aus der Furcht der Kinder ein Strom von Mut und Zuversicht auf sie über. Ikata schlang ihre Arme um die Bebenden und murmelte: »Nur keine Sorge, es hört gleich wieder auf!«

Richtig, ehe man die Hand umdrehte, ließ der Hagel nach. Noch einen Augenblick, und die Sonne schien wieder. Die letzten Wolken zerflatterten im Osten. Sofort machte sich das Mädchen mit seinen Schützlingen auf den Heimweg.

Mühsam suchten sie ihren Weg auf dem glitzernden Eisfeld. Dankbar dachte Ikata an die ferne Mutter, die so unnachgiebig auf den Büffelsohlen unter ihren Mokassins bestanden hatte. Die Eisbrocken hätten ja die weichen Hirschledersohlen sofort zerrissen. Je näher sie dem Dorf kamen, um so deutlicher wurde das Unglück. Die Gärten stromauf waren völlig zerschlagen. Hier brauchte niemand mehr zu ernten. Aber vor den Feldern stromab hatte der Schloßenhagel haltgemacht. Gleich hinter »Hohes Ufer« war kein Hagelkorn mehr gefallen.

Vor der Palisade standen Menschen. Jetzt sah Ikata, wie sie winkten und gelaufen kamen: die Großmutter, die Tante, die Eltern der beiden Kinder und noch eine Menge Leute. Sie redeten alle durcheinander. »Wir dachten, der Hagel hätte euch erschlagen!« »Wir haben sogar die Pferde in die Häuser treiben müssen!« »Welches Glück, daß ihr da seid!« »Wo habt ihr euch denn versteckt?«

Das Mädchen mußte alles der Reihe nach erzählen. Dann dankten ihr die Eltern der beiden Kinder. Denn sie freuten sich natürlich am meisten. Aber auch sonst änderte sich das Benehmen der Leute, auch in ihrer Familie.

Ikata spürte, daß sie seit dem Hagel zu den Erwachsenen rechnete. Sie bekam keine Befehle mehr: Tue dies und tue das. Man fragte sie und bat sie. Selbst der Großvater unterhielt sich immer häufiger mit ihr über seine Sorgen.

Ihn bekümmerte die Ernte. Immer wieder sprach er von dem Unheil des Hagelsturms.

»Aber die Gärten stromab sind doch verschont geblieben«, tröstete ihn Ikata. »Da wachsen doch Mais, Bohnen, Erbsen massenweise. Das braucht ihr doch gar nicht alles für euch!«

»Für uns langt der Rest«, erklärte der Großvater. »Aber was verhandeln wir an die Sioux? Wir gehen ja nicht auf eine große Sommerjagd, um Büffel zu schießen. Solche Jagdzüge haben wir aufgegeben, wegen der vielen Sioux. Wir bleiben zu Hause und tauschen unseren Mais gegen Felle und Fleisch.«

»Säen denn die Sioux gar keinen Mais? Haben die denn überhaupt keine Felder?«

»Nein, sie ziehen das ganze Jahr hinter den Büffeln her und haben deshalb genug zu verhandeln. Wir sind darauf angewiesen.«

In diesem Jahr machte sich der Großvater besonders

viel Sorgen. Einmal hatte das Dorf nicht viel anzubieten, wenn es nicht selbst hungern wollte. Und dann war bei diesen Herbstbesuchen immer etwas Unangenehmes geschehen. Immer hatten die Sioux etwas angestellt. Unzählige Geschichten wußte der Großvater abends davon zu erzählen. Je näher die Ernte rückte, um so mehr fiel ihm ein. Die Großmutter ärgerte sich darüber. »Man kann sich sein Unglück auch herbeireden«, meinte sie.

Eines Abends, der Monat »Sonne wandert lange Tage« war längst vorüber, erzählte der Großvater wieder von den Sioux. »Ja, das war in dem Sommer, in dem die Heuschrecken fast die gesamte Maissaat auffraßen. Damals haben wir erbärmlich gehungert. Wir tanzten einen Büffeltanz, um Jagdwild herbeizulocken. Da meldeten Späher, daß vor dem Dorf Büffel zu sehen seien. Sofort ritten ein Dutzend Jäger los. Tatsächlich entdeckten sie bald einige Tiere, die hinter einem Hügelhang weideten. Man sah nur die Köpfe mit den Hörnern. Als unsere Leute den Hügel hinaufritten, wurden sie von Sioux angegriffen. Die Büffel waren nur mit Büffelfellen verkleidete Sioux gewesen! So lockten sie unsere Jäger aus dem Dorf heraus. Ihre Übermacht war groß, mit Mühe und vielen Wunden retteten sich unsere Männer hinter die Palisade.«

Der Großvater schwieg und tat einen langen Zug aus seiner Pfeife. »Solche Dinge kann man mit den Sioux erleben! Trotzdem müssen wir unser Fleisch bei ihnen einhandeln, denn hier rings um das Dorf gibt es keine Büffel mehr. Die Sioux dagegen ziehen ständig durch die Prärie und kommen dorthin, wo gutes Jagdwild steht.«

Ikata hörte aufmerksam zu. Seit dem Hagelschlag durfte sie abends so lange am Feuer sitzen, wie sie wollte. Die glimmenden Holzstücke warfen ein schwaches Licht in den dunklen Raum. Die Ruhe der herannahenden Dämmerung erfüllte allmählich das Haus. Man hörte die Anwesenden mehr, als daß man sie sah. Jeder wußte etwas von den Sioux.
Da hatten sie einmal im Herbst die dürre Prärie in Brand gesteckt, so daß nur eine verkohlte Fläche zurückblieb und die Büffel anderswohin wanderten. Ein anderes Mal hatten sie ein hölzernes Boot mit Händlern auf dem Missouri überfallen und ausgeplündert. Pferde hatten sie gestohlen. Dann wieder ... Es nahm kein Ende. Aber all die aufregenden Geschichten klangen in dem dämmerigen, stillen Raum unwirklich. Sie spielten irgendwo in der Ferne, wo die völlige Dunkelheit ihre Fäden spann.
In der Nacht schlief Ikata traumlos und fest. Ein heftiges Flintengeknatter schreckte sie auf. Es mußte bereits Morgen sein. Ein schmaler Sonnenstreif lag auf dem Rand der Dachöffnung. Die Frauen rannten aufgeregt hin und her. Der Großvater war nicht zu sehen.
»Was ist denn? Was ist denn«, rief Ikata.
»Sie sind da! Sie sind da!«
Das Mädchen fragte nicht weiter. Sie wußte sogleich, wer gemeint war – niemand anders als die Sioux. Eilig warf sie ihr Kleid über und flocht schnell ihre Zöpfe. Dann lief sie nach draußen. In dem allgemeinen Durcheinander achtete niemand auf sie. Sie rannte zum Missouri hinunter. Wie immer rollte der Strom gelb und trübe dahin. Entwurzelte Baumstämme trieben in der Flut. Da ein ertrunkener Büffel!

Auf dem anderen Ufer, gerade gegenüber dem Dorf, sah sie ein dunkles Gewimmel von Kriegern, die das ganze Ufer besetzt hielten. Lange Reihen weißer Zelte glänzten herüber, Feuerstrahlen blitzten. Ununterbrochen flog der Knall von Schüssen über das Wasser.
Ebenso fand es Ikata auch auf der Palisadenseite des Dorfes. Ringsherum standen Zelte, so dicht, daß keine Maus zwischen ihnen hindurch konnte, wenn die Sioux es nicht erlaubten. Auch hier feuerten sie ständig mit ihren Flinten. Auf der Innenseite der Palisade standen die Panikrieger. Sie machten finstere Gesichter und wußten offenbar nicht, was sie tun sollten.
Bedrückt lief Ikata nach Hause. Der Großvater saß am Feuer. Die Frauen bestürmten ihn mit Fragen. Mit einer Handbewegung gebot er Ruhe. »Es sind mindestens 600 Mann. Sie haben den Häuptlingen eine Botschaft gesandt, sie wollen nur den weißen Händler haben. Uns soll nichts geschehen. Die Häuptlinge werden ihnen sagen, wir wüßten nicht, wo der Händler sei. Sie müßten ihn selbst suchen.«
Die Zuhörer standen stumm da. Der Großvater sog an seiner Pfeife. »Es sind so viele Sioux, daß wir gegen sie nichts machen können. Sie werden das ganze Dorf durchsuchen. Kümmert euch nicht darum und geht an eure Arbeit. Uns geschieht nichts. Die Sioux lassen auch alle Frauen auf die Felder gehen. Ihr dürft auch unbesorgt Holz holen. Nur den Weißen suchen sie!«
Erleichtert zerstreuten sich die Frauen. Dem Mädchen blieb vor Schrecken fast das Herz stehen. Was sollte denn aus Onkel Weißbart werden? Durften ihn die Sioux einfach fortschleppen und vielleicht töten?

Die Großmutter wandte sich an Ikata. »Du kannst mir helfen, die Vorratsgruben zu fegen. Die Ernte steht bevor. Da muß alles sauber sein.«
Ikata riß sich zusammen. Sie wußte, was die Großmutter meinte. Es waren die großen Höhlen im Boden, die sich nach unten wie der Kelch der Glockenblume erweiterten und oben nur eine enge Öffnung besaßen. In ihnen bewahrten die Hausfrauen ihre Vorräte an Maiskolben und Kürbissen auf. Sie sah, wie die Großmutter rechts vom Eingang einige Bretter vom Fußboden wegräumte. Darunter gähnte eine dunkle Öffnung.
»Warum habt ihr denn eure Vorratsgruben im Haus«, wollte das Mädchen wissen. »Bei uns liegen sie draußen, gleich neben der Hauswand.«
»Wir haben auch nur diese eine hier drinnen. Die zwei anderen sind draußen. Weißt du, sobald im Winter tiefer Schnee liegt, ist so eine Grube innerhalb des Hauses besser. Bei uns im Norden ist es viel kälter als bei euch, und der Schnee fällt manchmal mannshoch. An solchen Tagen hat man Mais und Kürbisse im Haus, und man bekommt keine nassen und kalten Füße! So, nun setz dich auf den Rand und laß dich hinunter. Keine Angst, es ist nicht tiefer als du groß bist.«
Ikata ließ sich hinunter. Unten war kaum etwas zu sehen. Die Großmutter reichte ihr einen Maisstrohwisch. »Nun kehr den Boden. Die Grube ist kreisrund. Feg nur alles in der Mitte zusammen.«
Das Mädchen tat, wie ihr gesagt wurde. Eine Menge Maishülsen, ein paar verschimmelte Kolben und einige vertrocknete Kürbisse kamen in der Mitte zusammen.

Staub wirbelte auf. Ikata mußte husten. Mit den Händen hob sie den Müll hinauf, den die Großmutter sogleich an der Feuerstelle verbrannte. Dann half sie Ikata heraus. Wieder kamen die Bretter über die Öffnung. Sie hoben sich kaum von dem Lehmboden ab.
Danach reinigten sie die beiden Vorratsgruben vor der Tür. Als sie fertig waren, machten sich die Großmutter und die Tante auf, um Holz zu holen. Ikata blieb bei dem Großvater, um auf den Maiskessel zu achten, der über dem Feuer brodelte.
Kaum hatten die Frauen das Haus verlassen, da hob sich der Türvorhang von neuem. Onkel Weißbart kam hereingestürzt. Sein Gesicht war blaß. Er sah ganz verstört aus. Als er sich hinsetzte, stöhnte er laut. Ohne Umstände wandte er sich an den Großvater. »Du bist mein Freund, und du weißt, was die Häuptlinge den Sioux gesagt haben. Sie werden gleich anfangen, mein Haus zu durchsuchen und danach alle anderen Häuser. Kannst du mich verstecken, bis alles vorbei ist? Wenn sie mich nicht finden, bin ich gerettet!«
Ikata sah, wie der Großvater seine Pfeife niederlegte, ohne sie dem Onkel anzubieten. »Ich bin gewiß dein Freund, aber jetzt kann ich nichts für dich tun! Ich kann dir nicht helfen. Du weißt, wie es steht! Die Sioux haben zehnmal so viel Krieger wie wir.«
»Aber du kannst mich doch nicht im Stich lassen. Wir kennen uns seit zwanzig Wintern, und ich bin immer dein Freund gewesen.«
»Das ist richtig. Aber jetzt kann ich nichts für dich tun. Weder ich noch sonst jemand im Dorf. Wir sind die schwächeren. Kein Präriehund kämpft mit einem grauen Bären!«

»Du weißt doch, daß ich ganz unschuldig bin. Ich habe niemals jemanden betrogen. Fliehen kann ich nicht mehr. Das andere Ufer ist auch besetzt, ich kann also nicht mit meinem Boot den Missouri hinunterfahren!«
»Du hast recht. Doch jetzt kann ich dich nicht verstecken. Wenn sie dich in meinem Haus finden, bin ich verloren. Es geht nicht.«
So ging es noch einigemal hin und her. Onkel Weißbart wurde immer dringlicher. Aber der Großvater beharrte darauf, er könne dieses Mal nicht helfen, ganz und gar nicht. Auf einmal nahm er seine Pfeife und verschwand durch die Tür. Die Bitten des Händlers wurden ihm wohl peinlich. Vielleicht wollte er auch nicht mit ansehen, wie die Sioux seinen alten Freund fortschleppten.
Der weiße Mann blieb zurück und sank in sich zusammen. Verworrener Lärm drang von draußen herein: Rufe, Schreie, Axthiebe auf splitterndes Holz. Ikata zupfte den Händler am Arm. Der Alte fuhr auf und blickte sie an, als sähe er sie zum erstenmal. »Ach, du bist es! Es ist aus mit mir! Bei den Kerlen steht der Marterpfahl noch in hohen Ehren! Hörst du, jetzt dringen sie in mein Haus ein!«
»Komm mit, Onkel Weißbart«, wisperte das Mädchen. »Ich weiß ein Versteck für dich.«
In fliegender Eile räumte Ikata die Bretter von der Vorratsgrube. »Kriech da hinein. Ich decke die Öffnung wieder zu.«
Ohne eine Frage ließ sich der Onkel hinunter und kauerte sich auf dem Boden zusammen. Hastig legte Ikata die Hölzer wieder über die Öffnung. Dann rief sie Wasser. »Hierher, Wasser. Leg dich her, hier auf

die Bretter! So ist es schön. Rühr dich nicht von der Stelle!«
Sie stürzte in die Vorratskammer. Von einer Seite Trockenfleisch schnitt sie einen Streifen herunter und warf ihn dem Hund hin. Es kam darauf an, daß er liegen blieb und nicht fortlief. Wasser wollte aufstehen, entzückt von dem ungewohnten Fleischbrocken. Ikata drückte ihn auf die Bretter. Das Tier begriff und legte sich wieder hin. Gemächlich begann es den Fetzen zu bearbeiten.
Eifrig rührte Ikata wieder in dem Maiskessel. Das Herz schlug ihr bis zum Hals. Das Blut brauste in ihren Ohren.
Es war keinen Augenblick zu spät. Das Türleder hob sich, und ein, zwei, drei, vier Sioux traten ein. Ohne ein Wort durchschritten sie den Raum nach allen Seiten. Sie guckten unter die Bettbänke, sie durchwühlten die Vorräte und hoben sogar die Matten am Feuer auf. Aber darunter hätte sich wirklich niemand verstecken können, der dicker war als eine Messerklinge.
Schließlich wandte sich einer der Eindringlinge an das Mädchen. Er sprach ein gebrochenes Pani, das sie gerade noch verstehen konnte. »Wir suchen den weißen Händler. Wir haben ihn nicht gefunden bis jetzt. In seinem Hause ist er nicht und hier auch nicht. Wo mag er sein?«
Ikata blickte den Mann an, der ein unbeteiligtes Gesicht machte, so als hätte er nach dem Verbleib von ein Paar Mokassins gefragt. Ein Gedanke schoß dem Mädchen durch den Kopf. Irgend jemand hatte doch von einem Boot gesprochen, das Onkel Weißbart gehörte.

»Ihr habt ihn nicht gefunden. Ihr könnt ihn auch nicht finden. Wahrscheinlich ist er längst fort mit seinem Boot auf dem Großen Schlammfluß, lange bevor ihr kamt!«
Der Sioux starrte eine Weile vor sich hin. Kein Muskel rührte sich in seinem Gesicht, trotzdem spürte Ikata, daß er begriffen hatte. Er murmelte etwas mit seinen Begleitern. Dann blickten sie sich noch einmal im Raum um, ohne den schwarzen Hund zu beachten, und gingen.
Angstvoll lauschte das Mädchen nach draußen. Es kam ihr so vor, als schwäche sich der Lärm allmählich ab. Lange horchte sie. Da kam auf einmal der Großvater herein. »Die Sioux ziehen ab«, sagte er. »Sie reiten auf beiden Ufern flußabwärts.«
»Haben sie denn den Händler gefunden? Sie suchten ihn doch überall!«
»Ja, das weiß niemand so genau. Ich glaube fast, sie haben ihn gefunden. Weshalb sollten sie sonst abziehen? Wichtig bleibt nur, daß wir sie loswerden. Ich gehe noch einmal zum Schlammfluß.«
Ikata wartete noch eine Weile. Dann trieb sie Wasser von seinem Platz fort und hob die Bretter auf. »Sie sind fort, Onkel Weißbart! Du kannst jetzt hervorkommen!«
Mühsam kroch der Alte aus seinem Versteck. Schweiß perlte auf seiner Stirn. Spinnweben saßen in seinem Haar. Schwerfällig setzte er sich auf die nächste Bettbank und wischte sich mit der Hand die Tropfen ab. »Puh, was für ein dumpfes Loch! Und die Angst! Zum Ersticken!«
Dann blickte er Ikata dankbar an. »Du bist ein braves

Mädchen. Ohne dich wäre ich meinen Skalp los. Du hast den alten Weißbart vor dem Tomahawk gerettet.«
Das Mädchen hatte seine Ruhe wiedergefunden. »Ich gehe jetzt hinaus und werde erst einmal in deinem Haus nachsehen. Bleib nur so lange hier sitzen, bis ich wiederkomme. Der Großvater ist zum Missouri gegangen und kehrt so bald nicht zurück.«
»Ja, ja, sieh mal nach. Die Bande wird fürchterlich gehaust haben. Wer weiß, ob sie noch etwas übriggelassen haben.«
Ikata fand Fenster und Türen eingeschlagen. Das Regal war ganz ausgeräumt. Berge von Waren lagen auf dem Boden. Die Tabakpakete schienen alle gestohlen zu sein.
Sie kehrte um und berichtete. »Ein großes Durcheinander, Onkel Weißbart, und die Tür ist auch eingeschlagen.«
»Sind die Sioux auch wirklich fort? Hast du noch welche gesehen?«
»Nein, ich habe herumgefragt, es ist kein Sioux mehr da. Sie sind stromabwärts davongeritten. Du brauchst keine Angst mehr zu haben!«
»Warum mögen sie wohl den Missouri abwärts gezogen sein? Was suchen sie denn da? Ob sie sich vielleicht einbilden, ich sei mit meinem Boot geflohen? Nun, das ist ja auch ganz gleich.«
Der Alte blickte das Mädchen bewegt an. »Mein gutes Töchterchen, bis an das Ende meiner Tage werde ich dich nicht vergessen und was du heute für den Onkel Weißbart getan hast.«
Er murmelte vor sich hin: »Keiner wollte mir helfen. Auch die besten Freunde hatten kein Versteck für mich.

Nur das Kind da hatte ein Herz, die anderen waren so feige wie Kojoten. Ich werde es nicht vergessen.«
Er erhob sich und streichelte Ikata die Wange. Dann verschwand er durch den Türgang. Er mußte ja sein Haus aufräumen und sein Warenlager wieder in Ordnung bringen.

Wie alles zu einem guten Ende kommt

Die Leute in »Hohes Ufer« wunderten sich gewaltig, als sie Onkel Weißbart in seinem Haus arbeiten sahen. Immerfort traten Neugierige in seine Tür und erstaunten bei seinem Anblick ebenso, als sähen sie einen Geist. »Jedes Haus haben die Sioux durchsucht. Sie haben das oberste zuunterst gekehrt. Auch in deinem Haus haben sie alles umgedreht. Wo bist du denn gewesen?«

Doch der Händler gab nur kurze Antworten: »Ich habe mich unsichtbar gemacht.« – »Ich habe derweil auf dem linken Mondhorn gesessen.« – »Die Abendsternfrau hat mich in ihrem Bündel versteckt.«

Solche Reden nahm natürlich niemand ernst. Onkel Weißbart machte gern Witze. Und die Zeit, wo die Abendsternfrau ihre Leute schützte, lag schon lange zurück. Dergleichen erzählte man aus uralten Tagen, heute geschah so etwas nicht mehr. Aber aus dem Onkel war nichts Genaueres herauszukriegen. Er arbeitete weiter und tat so, als hörte er schwer.

Nur eines bemerkte man doch. Er räumte die verwüstete Wohnung gar nicht auf, sondern packte seine Sachen in Ballen zusammen. Das sahen die Leute deutlich. Allerdings verstanden sie nicht, was der Alte auf Englisch vor sich hin brummte. »Bei euch bleibe ich nicht, ihr Feiglinge. Das Mädchen hat mehr Mut als ihr alle zusammen. Nicht einmal ein Versteck habt ihr für mich gehabt!«

Der Händler packte bis zum Abend. Er holte auch seinen indianischen Gehilfen und noch einen Mann, der ihm schon oft geholfen hatte. Gegen Abend besuchte er den befehlenden Häuptling. Niemand ahnte etwas von diesem Gang. Erst als der Ausrufer herumging und die drei Unterhäuptlinge zu dem Oberhäuptling bat, merkte das Dorf, daß eine Beratung im Gang war.

Bald danach forderte der Ausrufer auch den Großvater auf, zu dem Oberhäuptling des Dorfes zu kommen. Schließlich erschien er noch einmal, um Ikata zu holen. Das Mädchen ging mit, bänglich und ungewiß, was es nun schon wieder gab.

»Hast du etwas Böses getan, worüber sich der Händler beklagt?« fragte die Großmutter.

»Etwas Schlechtes habe ich nicht getan«, antwortete Ikata, ehe sie das Türleder fallen ließ.

Im Häuptlingshaus saßen die Männer rings um das Feuer. Das Mädchen suchte sich einen Platz hinter dem Großvater. Der Großvater machte ein finsteres Gesicht. Offenbar faßte der Oberhäuptling gerade zusammen, was bis jetzt besprochen wurde.

»Unser alter Handelsfreund will uns verlassen und in ein anderes Dorf im fernen Süden ziehen. Wir billigen seinen Entschluß. Er ist dieses Mal den Sioux entkommen, aber wer weiß, wann sie wieder nach ihm suchen werden. Wir können ihn nicht schützen. Die Sioux sind viel stärker als wir.«

Die Anwesenden murmelten ein leises »Hau«. Der Oberhäuptling fing wieder an. »Der Weggang unseres alten Freundes tut uns leid. Wie ihr alle wißt, ist er ein weißer Rabe gewesen. Er hat uns niemals Feuerwasser ins Dorf geschleppt, wie die anderen Händler es tun. Dafür müssen wir ihm dankbar sein.«

Wieder machte der Oberhäuptling eine kleine Pause, als müßte er sich auf etwas ganz Wichtiges besinnen. »Nun hat unser Freund eine Bitte. Dicker Elk soll ihm seine Enkelin abtreten. Er möchte das Mädchen mitnehmen.«

Ikata fuhr zusammen. Hatten ihre Ohren sie betrogen? Die beiden letzten Sätze galten ja ihr! Plötzlich wurde ihr klar, daß die Beratung um sie ging, daß die ernsten Männer da rings um das Feuer über sie verhandelten, daß der Ausrufer sie geholt hatte, weil über sie gesprochen wurde.

Ehe ihre jagenden Gedanken an ein Ende kamen, fing der Großvater an zu reden, mit geradezu unhöflicher Eile.

»Ihr wißt alle, warum ich das Mädchen den Sioux abgehandelt habe. Seit im Frühjahr meine richtige Enkelin zwischen den Eisschollen des Stromes ertrunken ist, stehe ich da wie ein einsamer Baum in der Prärie, an dem der Sturm von allen Seiten zerrt. Büffelrippe, meine Frau, und ich haben niemand, der für unser Alter sorgt. Mein Sohn hat die Absicht, in das Dorf weiter unterhalb des Großen Schlammflusses zu ziehen. Aus diesem Grunde kann ich Ikata nicht fortgeben. Auch nicht gegen das Pferd, das ich für sie bekommen soll von unserem Handelsfreund. Ich habe gesprochen.«

Jetzt räusperte sich Onkel Weißbart. »Was Dicker Elk soeben gesagt hat, klang wie das Brummen eines grauen Bären, den man in seinem Wundbett stört. Aber seid davon überzeugt: Ich gehe auf keinen Fall ohne das Mädchen. Und ihr wißt alle, solange ich hier bin, müßt ihr mit der Wiederkehr der Sioux rechnen. Sie werden wiederkommen, um nach mir zu suchen. Ihr werdet davon nichts als Ärger haben. Und ein Sprichwort eures Volkes lautet: Selbst ein Hund verzehrt gern sein Futter in Frieden. Vergeßt es nicht!«

Die Häuptlinge gerieten sichtlich in Unruhe. Noch einmal wandte sich der Oberhäuptling an den Großvater und bat ihn nachzugeben.

»Wir wissen nicht, weshalb unser Handelsfreund das Mädchen haben will. Vielleicht braucht er in seinem Alter ebenso eine Hilfe wie du. Bedenke aber, er ist uns in vielen Jahren ein wirklicher Freund gewesen. Er hat uns niemals betrogen und niemals mit Feuerwasser den Verstand benebelt. Ein Zeichen der Dankbarkeit hat er verdient!«

Aber der Großvater blieb verstockt. Die Männer merkten seinen kurzen Worten an, wie lieb ihm die neue Enkelin geworden war. Eine Weile rauchten die Häuptlinge in tiefem Schweigen.

Dann sagte der Oberhäuptling: »Dicker Elk, wir können und wir wollen dich nicht zwingen. Das ist bei uns nicht Sitte. Doch mache ich jetzt einen neuen Vorschlag, weil wir offensichtlich nicht eines Herzens sind. Wir fragen das Mädchen selbst. Sie soll sagen, ob sie hier bleiben oder ob sie unserem alten Handelsfreund folgen will. Ihre Entscheidung gilt. Seid ihr damit einverstanden? Bist du, Dicker Elk, damit einverstanden?«

Ein allgemeines »Hau« bekräftigte die Zustimmung der Anwesenden. Auch der Großvater sagte »Hau« und fügte hinzu: »Seitdem meine Enkelin die beiden Kinder vor dem Hagel gerettet hat, habe ich sie als Erwachsene behandelt. Ihr Wort soll auch für mich gelten.«

Er ahnte ja nichts davon, wie lange Ikata den Händler schon kannte. Noch weniger wußte er, wer eigentlich den Händler vor den Sioux gerettet hatte.

»Nun, dann wollen wir das Mädchen selbst fragen. Meine Tochter, du hast vernommen, was beschlossen wurde. Sag uns jetzt, wohin du dich wenden willst!«

Ikata holte tief Atem. Dann erklärte sie laut und deutlich: »Ich gehe mit Onkel Weißbart!«

Alles blieb stumm. Doch war zu spüren, welches Erstaunen die Anwesenden in Bann schlug. Wenn auch kein Mensch in »Hohes Ufer« den Händler so nannte und niemand diesen Namen je gehört hatte, so wußte doch jeder, wer gemeint war. Jeder sah ja die weißen Haare.

Der Großvater saß ganz entgeistert da. Er blickte um sich wie einer, der nicht richtig gehört hat. Der Oberhäuptling nickte Ikata freundlich zu und sprach das Schlußwort.

»Damit ist diese Sache entschieden. Unser Handelsfreund gibt Dicker Elk ein Pferd, und er bekommt dafür das Mädchen.«

»Hau«, murmelten die Versammelten. Der Großvater erhob sich und ging, ohne zu grüßen. In seiner Verwirrung ließ er sogar die Pfeife liegen. Ikata ergriff sie und eilte ihm nach.

Unterwegs knurrte er: »Woher kennst du denn den Händler? Du mußt ihn schon gesehen haben, ehe du hierher kamst. Sonst hättest du nicht so viel Vertrauen zu ihm und würdest ihn auch nicht mit Onkel anreden!«

Ikata überlegte und hielt es dann für richtig, die Wahrheit zu sagen. »Meine Eltern wohnen in einem Dorf am Truthahnfluß, der in den Niobara mündet. Es heißt ›Das Dorf, das den Himmel kratzt‹ oder einfach Himmelsdorf.«

»Nie gehört«, warf der Großvater mürrisch hin. »Ich weiß nur, daß dort Verwandte von uns wohnen, die unsere Sprache sprechen und daß wir selbst dorther kommen.«

Ikata wartete, ob der Großvater noch mehr knurren würde, und fuhr dann fort: »Onkel Weißbart besuchte unser Dorf in jedem Frühling. In diesem Frühjahr hatte ich einen kranken Arm, weil ich so viele Büffelfelle schaben mußte. Unser Medizinmann konnte nicht helfen, der Arm blieb ganz geschwollen und rot. Aber der Onkel hat meinen Arm geheilt mit einem Saft, der sehr scharf roch. Daher kenne ich den guten Onkel Weißbart.«

Der Großvater brummte Unverständliches vor sich hin. Man hörte deutlich heraus, wie er sich wunderte. Aber schließlich war er selbst an dieser Überraschung schuld. Niemals hatte er Ikata gefragt, weder nach ihrem Dorf noch nach ihren Eltern oder sonstigen Bekannten. Er glaubte wohl, seine neue Enkelin vergäße alles und würde ein Teil von »Hohes Ufer« am Großen Schlammfluß, so als wären die Häuser und Gärten und Menschen am Truthahnfluß nie gewesen. Doch wer vergißt schon seine Eltern und sein Heimatdorf? Auch wenn es unerreichbar weit hinter tausend Prärien liegt! Die Großmutter und die Tante verstanden das viel besser. Sie fielen natürlich auch aus allen Wolken, als sie das Ergebnis der Beratung erfuhren. Doch sie spra-

chen sogleich aus, was Ikata bis jetzt nur zu denken gewagt hatte.
»Der Händler wird dich in dein Heimatdorf bringen. Dein Vater kauft dich zurück. Jedes Hirschkalb hält sich zu seiner Mutter, jeder Steinfisch bleibt in seinem Bach, und auch die Büffel kehren im Herbst in ihre warme Heimat zurück, dorthin, wo die Hitze herkommt.«
Heiß quoll es in Ikata auf. Nach Hause, zurück an den Truthahnfluß! Es wurde dunkel vor ihren Augen. Eine alte Tonschüssel glitt ihr aus der Hand und zerschepperte mit dumpfem Klang auf den Brettern, unter denen der Händler gehockt hatte.
Doch ehe sie hinüberlaufen konnte in das viereckige Haus, wurde zu einem Tanzfest aufgerufen. Der Oberhäuptling wollte Onkel Weißbart nicht ohne Abschied ziehen lassen. Er hatte wohl auch ein schlechtes Gewissen dem Händler gegenüber.
Als Kürbisrasseln, Rohrflöten und Trommeln den Takt auf dem Dorfplatz anstimmten, löste sich die Aufregung des Tages in überschäumende Freude. Die Tänzer wußten selbst nicht so genau, weshalb sie jubelten. Weil die Sioux den Händler nicht gefunden hatten, weil die Räuber fort waren, oder weil sie nicht allzuviel mitgenommen hatten? Vielleicht dachten sie an all diese Dinge.
Ikata tanzte unter den jungen Mädchen, in langer Reihe rings um den Platz schwenkend. Zuerst wurde die Fußspitze aufgesetzt, dann die Sohle sanft abgerollt und schließlich mit dem Hacken aufgestampft. So ging es Schritt für Schritt vorwärts im Bären-, Büffel- und Hirschtanz. In der Mitte beim Feuer hüpften

die als Tiere verkleideten Männer, bald als Bären, bald als Büffel, bald als Hirsche.
Ikata jauchzte mit den anderen, bis sie keinen Atem mehr hatte. Ganz ausgelassen wurden die Leute zuletzt. Manche schwenkten Schneeschuhe, andere klapperten mit Kesseln, wieder andere hielten Mokassins im Mund. Schließlich traten einige als Sioux auf, mit zwei Zöpfchen hinter den Ohren. Sie schnitten gräßliche Fratzen und brüllten laut: »Wir suchen ihn, wir finden ihn, wir haben ihn!«
Die Zuschauer schrien vor Vergnügen. Selbst Onkel Weißbart, der bei den Häuptlingen saß, mußte lachen, obwohl er eigentlich nichts zu lachen hatte. So lange war die Schreckenszeit noch nicht her, wo ihn niemand verstecken wollte.
Als Ikata endlich auf ihrer Bettbank lag und Wasser daruntergekrochen war, unterhielt sie sich noch mit ihrem Hund. »Nach Hause, mein Wasser! Wir gehen wieder nach Hause! Irgendwann kommt Onkel Weißbart an den Truthahnfluß, und dann sind wir wieder zu Hause. Dann kriegst du jeden Tag Büffelrippchen und Antilopenbraten!«
Wasser winselte freudig, leckte sich die Schnauze und bellte sogar. Doch da gebot der Großvater Ruhe. Er schimpfte. Aber er meinte wohl etwas anderes als Wassers Gebell. Ikata vernahm seine zornigen Worte, aber sie klangen immer leiser. Auf einmal fielen ihr die Augen zu. Der große Tag war zu Ende.

Was die Reisenden
mit dem Lahmen Fuchs erlebten

Die Sonne des nächsten Morgens schien in eine verwandelte Welt. Der schmutziggelbe Missouri schimmerte mit lauter silbernen Wellen, und die verdorrte Prärie sah aus wie mit Gold überzogen. Ikata hätte am liebsten alle Tänze noch einmal getanzt und wäre gern jedem Bekannten um den Hals gefallen.

Die Großmutter bearbeitete die Haare des Mädchens besonders sorgfältig. Sie nahm eine neue Maisstrohbürste dazu und flocht die langen schwarzen Zöpfe fester als sonst.

»Die Abendsternfrau wird dich beschützen auf deiner Reise, du trägst ja ihren Namen«, flüsterte sie.

So ähnlich sprach auch damals die Mutter, am Anfang des Jagdmonats. War es nicht in Erfüllung gegangen, bis jetzt wenigstens?

Die Sonne stand halbwegs zum Mittag, als die kleine Karawane aufbrach. Die beiden Männer aus »Hohes Ufer« ritten mit, sie hatten den Händler schon manches Mal auf seinen Reisen begleitet. Ohne sie wäre der Onkel auch gar nicht fertig geworden. Er nahm sein ganzes Besitztum mit: vier Reitpferde und zehn Packpferde. Wie wollte er allein all diese Tiere jeden Abend abladen und jeden Morgen wieder beladen?

Ikata saß auf der braunen Stute, die Hirschschwanz wieder hergegeben hatte, und selbst die Stute trug

neben ihrer Reiterin noch Packtaschen. Die Männer waren schwer bewaffnet. Jeder führte ein Gewehr mit sich, quer über den Rücken geworfen.
Der Großvater erschien zum Abschied nicht. Er war tief gekränkt über die Art, wie ihn der Häuptlingsrat überstimmt hatte. Noch mehr wurmte ihn, wie schnell sich seine neue Enkelin von »Hohes Ufer« trennte. Er verstand nicht, wieviel unsichtbare Fäden das Mädchen zurückzogen in ihr Elternhaus, in ihr Dorf, an ihren Fluß. Was besagten da schon einige Monate?
Die Großmutter und die Tante dagegen waren bewegt. Über einen Monat war Ikata bei ihnen gewesen: die letzten Tage des Jagdmonats und den ganzen Monat »Sonne wandert lange Tage«. Jetzt im Vogelzugmonat ging sie wieder fort. Inzwischen hatten die Frauen das Mädchen liebgewonnen.
Das ganze Dorf war auf den Beinen. Alles schrie und winkte. Da standen auch die vier Häuptlinge. Der oberste reichte dem Händler eine lange Pfeife, mit bunten Entenflügeln und sieben Spechtköpfen verziert. Unten baumelte ein großer Fächer von zwölf Adlerfedern. Dazu sprach der Oberhäuptling feierliche Worte:
»Nimm diese Pfeife. Sie wird dir auf deiner Reise nützlich sein. Möge der Häuptling oben deinen Pfad glatt und eben machen! Möge er Steine und Dornen aus deinem Weg räumen! Die Pfeife des Friedens wird dir voranfliegen und deine Füße dorthin lenken, wohin die Gedanken deines Herzens laufen.«
Der Händler nahm die Pfeife mit sichtlicher Überraschung und dankte mit herzlichen Worten. Er wußte, daß dieses wertvolle Geschenk ihn unter eine Art Frie-

densschutz stellte, den alle Stämme in der Prärie anerkannten.
Dann schnalzte er mit der Zunge, und die Karawane setzte sich in Bewegung. In langer Reihe schritten die Tiere in die Prärie hinaus. Immer kleiner wurde die Palisade, bis sie schließlich in dem blauen Dunst zwischen Himmel und Erde verschwand.
Onkel Weißbart ritt mit Ikata an der Spitze. »Weißt du auch, wohin die Reise geht?« fragte er. In dem Tumult des Packens, Tanzens und Abschiednehmens hatten sie kein Wort miteinander reden können.
»Ja, natürlich weiß ich das! Zum Truthahnfluß! Deswegen habe ich gestern gleich gesagt, daß ich mit dir gehe.«
Der Onkel lachte. »Das war ja auch für dich nicht schwer zu erraten. Wohin sonst sollte ich dich mitnehmen? Du gehörst doch in das ›Dorf, das den Himmel kratzt‹, nicht wahr?«
Ikata antwortete nicht. Was sollte sie auch antworten? Der Onkel sagte nur Selbstverständliches. Ikata deutete auf die dunklen Schwärme von Vögeln, die über die Prärie strichen. »Sieh nur, die Krähen sammeln sich schon. Sie ziehen mit uns nach Süden. Wann werden wir eigentlich am Niobara sein?«
»In ungefähr zwanzig Tagen, wenn alles gut geht. Noch vor dem Ende des Vogelzugmonats sind wir in deinem Dorf.«
»Bleibst du dann bei uns wohnen? In dem Haus, das du sonst im Frühling gehabt hast?«
»Es wäre bestimmt das sicherste. Jedenfalls werde ich die Häuptlinge um Erlaubnis fragen. Sie haben gewiß nichts dagegen. Ich bin ja immer ihr Freund gewesen

und kenne euch alle. Die Arikara hier am Missouri, bei denen ich bis jetzt gewohnt habe, besitzen nur zwei Dörfer, ihr Pani am Niobara dagegen zwölf. Da dürfen sich die Sioux nicht so viel Frechheiten herausnehmen.«

»Ob sie hinter uns herkommen werden?«

»So rasch nicht. Sie suchen jetzt erst einmal in der falschen Richtung. Bis sie merken, daß ich nicht mehr am Missouri bin, vergehen einige Tage. Inzwischen sind wir über alle Berge.«

»Über welche Berge? Solche hohen Hügel gibt es doch nur im Westen.«

»Hier gibt es auch Berge, die Black Hills. Aber die kennst du noch nicht, und auf unserer Reise kommen wir auch nicht dorthin. ›Über alle Berge sein‹ bedeutet, sie holen uns nicht mehr ein.«

In den ersten Tagen ritten sie, so lange es irgend ging. Den Händler trieb eine geheime Unruhe. Hätten die Tiere es leisten können, wäre er auch die Nächte hindurch geritten. Aber abends mußten die Reisenden am Rand eines Wäldchens oder am Ufer eines Flusses ein Lager aufschlagen, denn die Pferde blieben einfach stehen. Auch Wasser legte sich kurzerhand ins Gras. »Wir können nicht mehr«, hieß das.

Dann wurde das Gepäck abgeladen und die Tiere auf die Weide getrieben. Für Ikata hieb der Onkel einen Packen dichtbeblätterter Zweige ab. Mit einem Büffelfell bedeckt, gab es ein weiches und federndes Lager. Ein Feuer brachte den Kessel bald zum Sieden. Manchmal glückte es, in der Mittagspause eine neugierige Antilope zu schießen. Dann gab es Fleischsuppe. Wasser hatte noch nie so gutes Futter gehabt. Viele Kno-

chen waren zu zerbeißen. Er fand eigentlich gar keine Zeit zum Schlafen.
Fortwährend begegneten sie weidenden Büffelherden. Jetzt im Herbst zogen die Bisons allmählich zum Süden hinunter, um dem bitterkalten Winter im Norden zu entgehen. In weit verstreuten Gruppen tupften sie das Grasland. Die schwärzlichen Kolosse achteten gar nicht auf die Reisenden. Erst als einmal eine Büffelkuh unter einem Schuß des Onkels zusammenbrach, schreckten sie auf und setzten sich in Galopp. Ihre Hufe dröhnten wie dumpfer Donner. Ungeheuere Staubwolken verdunkelten den Himmel und verbargen bald die davonstürmenden Tiere.
Ikata staunte. So viele Bisons hatte sie noch nie gesehen, auch nicht in den Jagdgründen des Westlandes auf der hohen Prärie. »Jetzt müssen wir noch den geschossenen Büffel abziehen und das Fleisch einpakken«, rief sie Onkel Weißbart zu.
»Dazu haben wir keine Zeit! Wir nehmen nur die Zunge und den zarten Höcker mit, und natürlich das Fell.«
»Aber wenigstens noch einen Brocken für Wasser«, bettelte Ikata. Sie bekam ihren Willen. Am abendlichen Feuer riß ihr der Hund die Fleischschnitten fast aus der Hand. Zunge und Höcker schmeckten zusammen mit Brot wie . . . Nun, die Abendsternfrau in ihrem Garten hatte es gewiß nicht besser.
Mit den Reisenden zogen auch die Tiere nach Süden. Nicht nur die Krähen, auch die Schwalben, die Blaufinken, die weißen Kraniche, die Schwäne, Gänse und Enten. Ganze Schwärme brausten unter dem Himmel dahin. Die Pappeln an den Flüssen raschelten schon mit

gelben Blättern, und die Langohrhirsche trugen bereits ihr graues Winterhaar.

Jeden Abend mußte ein größeres Feuer angezündet werden. Es brannte die ganze Nacht. Denn aus der Dunkelheit kroch eine empfindliche Kälte. Und doch hatte das Mädchen noch nie solche Abende erlebt. Der Ritt mit Hirschschwanz war an ihr ohne Erinnerung vorbeigezogen. Jetzt redeten die Stimmen der Erde mit ihr.

Zuerst vernahm sie nur das Knistern des Feuers und die Schritte des Wächters, der ab und zu ein paar Knüppel in die Flammen warf. Dann heulten fern die Wölfe. Näher klang das dunkle Schuhu der Uhus. Schließlich schoß noch eine Sternschnuppe über das nächtliche Gewölbe, eine leuchtende Bahn hinterlassend. Ikata rollte sich fest in ihre Büffeldecke und steckte ihre kalten Hände tief in den Pelz von Wasser, der im Traum hinter den Wölfen herjagte.

Mit den Tieren wanderten auch Menschen. Ein paarmal traf die kleine Karawane auf Zeltlager. Ansammlungen von weißen Kegeln, aus denen Rauchfäden emporstiegen. Dann jagten Reiter auf sie zu und fragten Onkel Weißbart in kaum verständlichem Englisch nach Woher und Wohin. Zum Glück waren es keine Sioux, sondern herumziehende Osagen und Ponca. Fast alle diese Trupps kannten den Händler und benahmen sich recht freundlich. Gern verhandelten sie ihr Fleisch gegen Bleikugeln oder Wolldecken.

Eines Nachmittags, die Sonne stand schon im Westen, bewölkte sich der Himmel. »Es gibt sicher ein Unwetter«, meinte Onkel Weißbart, »wir müssen unter Dach und Fach kommen. Aber woher ein Tipi nehmen?«

Die Reiter bogen gerade um die Spitze eines Wäldchens, da lag plötzlich ein Zeltdorf vor ihnen, als wenn es die Wünsche des Onkels herbeigezogen hätten. Betroffen hielt die Karawane an. In die überraschte Stille klang die Stimme des zweiten Helfers, der am Ende ritt. »Der Schecke lahmt!«
»Was sagst du?« Der Händler stieg ab und ging ans Ende der Pferdereihe. Tatsächlich! Der Schecke zog einen Hinterhuf an, um das Bein zu schonen.
»Das Tier ist ja auch zu schwer bepackt«, brummte der Onkel. »Ihr habt wieder von dem letzten Büffel das ganze Fleisch aufgeladen, anstatt nur Höcker und Zunge!«
Der Händler unterdrückte einen Fluch. Er wußte, daß hier nichts zu machen war. Kein Indianer ließ Fleisch liegen, ein Beutestück wurde bis zum letzten Rest verwertet. Für jede Verschwendung erwartete die roten Männer eine Strafe Tirawas, des Häuptlings oben.
»Nun, wir müssen den Schecken umtauschen.« Der Onkel legte die Hand über die Augen und spähte zum Lager hinüber. »Pferde haben die Kerle genug! Möchte nur wissen, wer das eigentlich ist. Will nicht in mein Unglück rennen!«
»Vielleicht haben die Leute ein leeres Zelt für uns«, meinte Ikata. »Wir sollten doch fragen, ehe der Regen kommt.«
Der Händler trat unschlüssig von einem Fuß auf den anderen. Doch zum Überlegen blieb keine Zeit. Jetzt bewegten sich Menschen zwischen den Tipis. Plötzlich galoppierten zwei Männer aus dem Lager auf sie zu. Sie trugen zwei Zöpfchen hinter den Ohren und an den Ärmeln schwarze Fransen.

»Zum Teufel, das sind Sioux«, knurrte der Händler. »Das fehlt gerade noch.«
Er sprach Sioux, wenn auch holperig. So konnte man sich verständigen. Als erstes überreichte er den beiden Reitern ein gewaltiges Stück Fleisch. »Wir sind auf dem Weg zum Niobara«, sagte er.
Die Sioux antworteten: »Unser Häuptling wird dir danken. Wir gehören zur Schar des Lahmen Fuchses. Folgt uns!«
Das klang wie ein Befehl. Die Karawane trabte hinter den beiden her. Vor einem bemalten Tipi hielten sie an. Die Sioux nahmen das Fleisch und verschwanden im Eingangsschlitz. Bald erschienen sie wieder und brachten die Reisenden wortlos zu einem leeren Zelt. »Hier wohnt ihr, solange ihr in unserem Lager seid. Unser Häuptling will euch morgen früh sehen. Eure Pferde bringen wir auf die Weide, sobald sie abgepackt sind.«
Eilig stapelten die Männer die Pakete draußen neben dem Tipi und bedeckten sie mit Lederdecken. Empfindliche Waren fanden im Zelt Platz. Unbeweglich sahen die beiden Sioux zu. Sie rührten keine Hand. Trotzdem kam alles noch unter, ehe der Regen zu prasseln begann. Die Pferde waren an jedes Wetter gewöhnt. Ihnen machte der Aufenthalt im Freien nichts. Um so froher waren die Reisenden, als sie die feste Lederwand zwischen sich und die Nässe bringen konnten.
Bald erhellte ein Feuer den Raum. Ikata schnitt dünne Fleischscheiben in den Kessel. Das Summen des Wassers, der glühende Büffelmist, die blauen Wölkchen der Pfeifen zauberten eine gemütliche Wärme in das Tipi. Das Klopfen des Regens vertiefte die Ruhe noch. Kei-

ner dachte mehr an die Bande des Lahmen Fuchs. Selbst der Onkel vergaß für Augenblicke, daß er mit seinen Leuten und Waren in einem Siouxlager saß.

Am nächsten Morgen liefen die Gehilfen auf die Weide. Die Pferde waren noch alle da. Inzwischen besuchte der Händler den Häuptling. Die Pfeife mit dem Federfächer nahm er mit. Unruhig scheuerte Ikata ihren Kessel und die Schüsseln. Endlich, endlich erschien der Onkel wieder. Ihm folgte Lahmer Fuchs, ein zierlicher, listig aussehender Mann, dem eine Federschleppe bis hinten auf die Fersen fiel. Er besaß einige Ähnlichkeit mit Aufgeblasener Büffel, nur war er viel schmaler.

Der Händler ließ zwei Säckchen Pulver, drei Beutel mit Bleikugeln und fünf eiserne Pfannen auspacken und übergab alles dem Häuptling. Lahmer Fuchs reichte ihm die lange Pfeife zurück. Das Mädchen hörte die beiden Männer einige höfliche Sätze wechseln. Dann sagte der Onkel: »Wir dürfen weiterreiten. Wir bekommen sogar für den lahmen Schecken ein neues Pferd!«

In fliegender Eile wurden die Pferde von der Weide geholt und beladen. Ikata sah dem Onkel an, wie sehr ihm daran lag, aus dieser unangenehmen Nachbarschaft fortzukommen.

Als die Hufe der Pferde wieder auf dem Boden der Prärie dröhnten, begann der Onkel zu berichten: »Lahmer Fuchs wurde ganz freundlich, als er meine große Pfeife sah. Das ist ja auch eine Friedenspfeife, deren Besitzer nur friedliche Absichten hat. Aber er drängelte und quälte so lange, bis ich ihm noch eine Menge Geschenke gab. Sonst hätte er uns nicht fortgelassen!«

»Wußte er etwas von den Sioux am Missouri?« fragte Ikata ängstlich.
»Wahrscheinlich, allein er meinte, er habe fremde Vögel zwitschern hören und nicht darauf geachtet. Das soll heißen, er hat etwas vernommen, aber er glaubt es nicht.«
Der Onkel schob seinen Hut in den Nacken. »Es ist noch mal gut gegangen. Mich wundert, wie weit südlich die Sioux streifen. Sonst sieht man sie hier nicht.«

Wieder am Truthahnfluß

Nach der Begegnung mit Lahmer Fuchs flogen die Tage dahin wie der Wind. Je näher der Niobara kam, um so herbstlicher und trockener wurde die Landschaft. Kegelblumen und Malven waren verblüht, zurück blieb allein das dürre Gras.

Eines Morgens bekam die Prärie vertraute Züge, wie das Gesicht eines Freundes, den man lange nicht gesehen hat. Je mehr Ikata ihre Augen anstrengte, um so gewisser wurde ihr, daß dort die Steinerne Frau stand. Deutlich erkannte sie den kleinen Hund hinter ihr. Aufgeregt wandte sie sich an den Onkel. »Jetzt müssen wir dorthin reiten! Dann kommen wir zu den Büffelschädeln! Von da geht es geradeaus zu der Furt im Niobara!«

»Na, dann zeig mal den Weg! Reit nur voraus!«

Hier konnte Ikata sich gar nicht mehr verirren. Es dauerte auch nicht lange, da kam der Haufen mit Büffelschädeln in Sicht. Hier ritten sie nach links. Bald tauchte der gelbe Spiegel des Flusses auf. Dort lag der alte Lagerplatz »Viele Süßkartoffeln«. Da war die Furt!

Gerade setzten einige Leute von der anderen Seite über den Fluß. Zwei Männer hielten mit bepackten Pferden noch am jenseitigen Ufer. Ein dritter Mann ritt eben durch das Wasser. Ikatas scharfe Augen er-

kannten ihn sofort. Sie trieb ihre Stute zu schnellerer Gangart. »Mein Vater, mein Vater«, schrie sie.
Der Mann blickte auf, stutzte einen Augenblick und ritt eilig den Uferhang hinauf. Ikata rutschte von ihrer Stute. Jetzt brachte auch der Vater sein Pferd zum Stehen und sprang ab. Ikata flog auf ihn zu. Der Vater fing sie in seinen Armen auf. Alle anerzogene Zurückhaltung schwand dahin. Es dauerte eine Weile, bis sich die Überraschung in erregten Ausrufen und Fragen löste.
Nun kam auch Onkel Weißbart heran und begrüßte den Vater mit einem Händedruck. Während der hastigen Fragen und Antworten stellte sich heraus, daß der Vater mit einer Menge Tauschwaren an den Missouri reisen wollte, um seine Tochter zu suchen und freizukaufen.
»Wir dachten uns, daß dich die Sioux dorthin gebracht hatten. Sie machen es ja immer so mit ihren Gefangenen. Nun ist das alles unnötig.«
»Aber woher wußtest du denn, daß mich Sioux gefangen hatten?«
»Weil es der Junge berichtete, der hinter dir herritt. Er hat dein Unglück aus der Ferne beobachtet und nachher davon erzählt, allerdings erst am Nachmittag und viel zu spät. Unsere Verfolgung blieb zwecklos, weil uns ein Unwetter aufhielt und die Spuren verwischte.«
»Ich weiß, warum Igel es viel später erzählte. Er hat mit seiner Peitsche auf Weißfleck eingeschlagen. Da ging das Pony durch. Ohne Igel wäre gar nichts geschehen. Natürlich hat er ein schlechtes Gewissen gehabt.«

Der Vater wunderte sich. »Ach! An dergleichen hat niemand gedacht. Gut, daß wir die Familie los sind. Dem Dorf wurde der Lärm mit dem ständigen Peitschenknallen zuviel. Deshalb mußten die Igelleute sofort nach dem Jagdzug in ein anderes Dorf ziehen. Diesem Jungen wirst du also nicht mehr begegnen. Aber sieh mal, wen ich da mitgebracht habe!«

Jetzt erst entdeckte das Mädchen hinter den Pferden auf der anderen Seite ihr Pony. Rasch ging es durch die Furt, zum letztenmal auf der Stute. Weißflecks weiche Lippen fuhren über Ikatas Gesicht und zupften an ihren Ohren. Sie ließ den zierlichen Pferdekopf gar nicht mehr los. Entzückt fühlte sie, wie der alte Spielgefährte sie wiedererkannte. Dann mahnte der Vater: »Meine Tochter, wir wollen heute noch nach Hause.«

Eilig kletterte Ikata in den Sattel. Alle freuten sich: der Vater und seine Begleiter, weil die weite Reise mit ungewissem Ziel schon zu Ende war; der Onkel und seine Helfer, weil für sie der lange Ritt so glücklich abschloß. Und dazu kam die eigentliche Freude, über die niemand ein Wort verlor.

Noch einmal wandte sich der Vater an Ikata. »Meine Tochter, du findest unsere Familie nicht mehr vollständig. Die Atika ist fortgegangen. Als wir von unserem Jagdzug zurückkehrten und erzählten, was dir zugestoßen war, sprach sie gar nichts mehr. Am anderen Morgen lag sie tot auf der Bettbank.«

Ikata blickte den Vater betroffen an. Ein Kloß würgte in ihrer Kehle. So manches Mal hatte die Großmutter geschimpft. Nun merkte das Mädchen, daß die Atika ein Stück ihres Lebens gewesen war. Es war doch eingetroffen, was die Atika beim Abschied zu ihr gesagt hatte:

»Ich werde dich nicht wiedersehen, meine Enkelin!«
Während Ikata ihren Gedanken nachhing, sprach Onkel Weißhaar lange mit dem Vater über seine Wünsche. »Zurück an den Missouri kann ich nicht mehr, jedenfalls nicht für dauernd. Ich möchte am liebsten in deinem Dorf bleiben und von dort aus meine Handelsreisen machen. Ob die Häuptlinge es erlauben werden?«
Der Vater schwieg eine Weile. Dann sagte er: »Die Ratsmänner und die Häuptlinge sind gegen die weißen Händler. Aber bei dir ist das etwas anders: Du bist ein weißer Rabe. Außerdem hast du meine Tochter zurückgebracht. Du mußt wissen, daß die vielen Waren auf meinen Packpferden unser ganzes Dorf gesammelt hat. Ich allein hätte es nicht vermocht. So gehört jetzt meine Tochter allen Familien im Dorf. Das spricht auch noch für dich. Sei unbesorgt, ich werde bei den Häuptlingen für dich sprechen!«
Während die beiden Männer miteinander redeten, blickte Ikata ziellos in die vertraute Landschaft. Der dumpfe Druck löste sich erst, als die Palisade auftauchte. Das Dorf schwebte auf seiner Anhöhe wie eine Wolke über der Flußaue: Es kratzte wirklich den Himmel.
Auf dem freien Feld vor der Pferdeweide liefen Gestalten hin und her. Ab und zu sah Ikata eine winzige Kugel hoch in der Luft schweben. Sie wußte gleich, die Kinder spielten Ball. Jetzt zog sich ein dunkler Schwarm von Spielern um den westlichen Malpfosten zusammen. Dutzende von Schlägern hoben sich über den Köpfen. Ikata meinte das Geschrei der Kämpfenden zu hören. Hin und her tanzte der Ball, aber nun

ging die Gefahr für den Westpfosten wieder vorbei. Die Kinder rannten wieder dem Mittelfeld zu, hinter der kleinen Lederkugel her.
Das Mädchen überlief es heiß. Wie oft hatte sie da mitgespielt. Fast immer traten die Mädchen gegen die Jungen an. Jedes Spiel hatte seinen Sinn. Im Herbst ging es meist um eine gute Maisernte. Die Abendsternfrau sah es gern, wenn ihr zu Ehren gespielt wurde. Doch dieses Mal sollte das Spiel dem Vater helfen, daß ihm auf seiner Reise kein Unglück zustieß, er glücklich an den Missouri kam und Ikata zurückbrachte.
Vor dem Malpfosten der Jungen stand Geflecktes Hirschkalb und wehrte alle Angriffe ab. Sobald der Ball nämlich den Pfahl berührte, war das Treffen zu Ende. Wer die Lederkugel gegen den feindlichen Pfosten knallte, hatte gewonnen. Aber gegen Geflecktes Hirschkalb war nicht anzukommen, immer wieder fing er den Ball mit seinem Schläger auf.
Plötzlich erstarrte der Junge. Er ließ seinen Schläger sinken und blickte nach Norden in die Prärie, als sähe er einen Geist. Der Ball klatschte gegen den Pfosten. »Wir haben gewonnen«, riefen die Mädchen. Aber Geflecktes Hirschkalb rührte sich nicht.
Die anderen erwachten aus der Hitze des Spiels und blickten nun ebenfalls in die Richtung, in die Geflecktes Hirschkalb starrte. Da kam ja die Reiterkarawane zurück, die heute früh das Dorf verlassen hatte! Aber mit viel mehr Pferden! Und wer ritt neben Ikatas Vater? Das mußte Onkel Weißbart sein! Und wer saß auf Weißfleck? Maisquaste fand als erste ihre Sprache zurück. »Das ist Ikata! Das ist Ikata!«
Die Schläger flogen auf den Boden. Die Kinderschar

setzte sich in Bewegung. Im Galopp ging es den Reitern entgegen. Wie eine dunkle Woge schlug der Schwarm über der Karawane zusammen.
Ikata sprang von ihrem Pony und umarmte Maisquaste. Sie konnte die Fragen gar nicht alle beantworten. »Da bist du ja wieder! Woher kommst du denn so schnell? Hat dich dein Vater unterwegs gefunden?« Das Wiedersehen versank in einem Jubel- und Freudengeschrei, das die Pferde unruhig machte.
Inzwischen lief die unglaubliche Nachricht im Himmelsdorf von Tür zu Tür: »Sie ist wieder da! Sie ist wieder da!«
»Ei, wer denn?«
»Ikata! Und auch ihr Vater!«
Eine Wolke von Neugierigen und Aufgeregten strömte aus der Palisade hervor. Immer mehr Menschen eilten den Heimkehrenden entgegen. Das Mädchen erblickte die bekannten Gesichter. Da kamen auch die Mutter mit dem Brüderchen und die Tanten! Stumm vor Staunen legten sie die Hand auf den Mund, als trauten sie ihren Augen nicht. Dann lachten und weinten sie durcheinander. Nun sahen sie wohl, weshalb der Vater so schnell zurückkehrte.
Als der Abend kam, drängte sich das halbe Dorf in das Haus der Heimgekommenen. Alle wollten sehen und hören. Sogar oben auf dem Dach saßen Leute, um durch das Rauchloch hinunter zu lauschen. Ikata und Onkel Weißbart erzählten abwechselnd. Noch einmal zogen die Erlebnisse des Sommers vorüber von dem Augenblick an, da Weißfleck stürzte, bis zu dem Tag, an dem der Händler in der Vorratsgrube saß und die Sioux das Haus durchsuchten.

Nun verstand jeder, weshalb Onkel Weißbart keine Geschenke von Ikatas Vater annahm und warum die braune Stute als Dank an Ikata fiel. Hatte sie nicht einen großen Coup getan? Einen Coup, für den jeder Krieger zwei Adlerfedern bekommen hätte?

Jeder verstand auch, warum die Häuptlinge das leere Haus dem Händler übergaben. Sie sagten dazu: »Du kannst hier so lange wohnen, wie du willst. Es gibt weiße und rote Vögel, es gibt weiße und graue Pferde, es gibt weiße und gelbe Blumen – warum sollen nicht auch weiße und rote Menschen zusammenleben?«

In der Nacht sah sich Ikata davongetragen zu dem wunderbaren Garten bei Sonnenuntergang. Eine alte Frau nahm sie an die Hand. »Sieh nur, meine Tochter, hier wächst Mais, da Kürbis und dort Bohnen.« Sie deutete zum blauen Himmel: »Hier ist immer Tag!« Rings um jedes Feld leuchteten die gelben Gesichter der Sonnenblumen. Überall plätscherten Bäche mit klarem Wasser und nicht so trübe wie die Flüsse in der Prärie.

Auf einer Wiese weidete Weißfleck. Wasser umkreiste ihn mit freudigen Sprüngen. Da kamen auch Maisquaste, Rotköpfchen, Zweizuviel ... Sehnsüchtig streckte Ikata ihre Arme aus – und erwachte. Aber dieses Mal wußte sie, ihr Traum war Wirklichkeit. Sie hatte ihren Garten wiedergefunden. Dieses Mal vertrieb sie niemand mehr.

Arena

Bekannte Jugendbuchautoren erzählen

Unter der Herausgeberschaft von Barbara Bartos-Höppner entstanden drei Anthologien mit Geschichten unserer Zeit, die eine Fundgrube für die ganze Familie bilden.

Tiergeschichten unserer Zeit
Neue Erzählungen bekannter Schriftsteller
In dieser Anthologie begegnen wir liebgewonnenen Vierbeinern und hören von deren Problemen und Eigenarten. Aber auch die Fabel- und Märchenwelt kommt nicht zu kurz.
192 Seiten, vierfarbiger Schutzumschlag und zahlreiche Illustrationen

Abenteuergeschichten unserer Zeit
Neue Erzählungen spannend aufgezeichnet
Vielfältig wie die Vorstellungen von dem Wort Abenteuer und vom persönlichen Temperament der Autoren geprägt, sind diese neuen Geschichten. Hier finden wir das große Abenteuer ebenso wie die mehr zufälligen oder die warnenden Erlebnisse.
176 Seiten, vierfarbiger Schutzumschlag und zahlreiche Illustrationen

Weihnachtsgeschichten unserer Zeit
Bekannte Schriftsteller erzählen von Weihnachtswunder
»Dieser Sammelband unterscheidet sich wohltuend von manchen anderen Anthologien, denn hier haben eine ganze Reihe der bekanntesten Jugendbuchautoren in ansprechend nüchterner Art einen Beitrag zum Erlebnis der Weihnacht geleistet.«
168 Seiten, vierfarbiger Schutzumschlag und zahlreiche Illustrationen

---

Arena

Lloyd Alexander erzählt Tarans Abenteuer

Taran und das Zauberschwein
»Lloyd Alexander hat sich eine außerordentlich phantasievolle Erzählung ausgedacht oder besser vielleicht, ein lohnendes Fabelgerüst aus der walisischen Mythologie übernommen. Dank Otfried Preußlers einfühlender, aber stets Abstand haltender Übersetzung wird das ungewöhnliche Buch bei uns viel Erfolg haben.«
192 Seiten, illustriert, Welt der Literatur
vierfarbig laminierter Schutzumschlag

Taran und der Zauberkessel
Auch der zweite Taran-Band greift auf Motive und Gestalten aus der walisischen und irischen Überlieferung zurück. Lloyd Alexander zeigt dem Leser, was Heldentum in Wirklichkeit ist.
148 Seiten, illustriert, vierfarb. laminierter Schutzumschlag

Taran und die Zauberkatze
Der dritte Band der Taran-Geschichten handelt von der Entführung der Prinzessin Eilonwy und von der abenteuerlichen Rettung durch Taran und seine Gefährten. Der Autor läßt walisische Sagenelemente seiner Geschichten auch in Sprache und Stil bewußt anklingen.
180 Seiten, illustriert, vierfarb. laminierter Schutzumschlag

Taran und der Zauberspiegel
In diesem neuesten Band erzählt der Autor von Tarans abenteuerlichen Suche nach seiner Herkunft, die ihn durch ganz Prydain führt. Wie die bereits erschienenen Bände, von denen zwei in die Bestliste zum Deutschen Jugendbuchpreis aufgenommen wurden, ist auch dieser voller spannender und unheimlicher Episoden.
192 Seiten, illustriert, vierfarb. laminierter Schutzumschlag

---